Michael Horling

111 Orte in und um Schweinfurt, die man gesehen haben muss

111

emons:

Bibliografische Information der Deutschen Nationalbibliothek
Die Deutsche Nationalbibliothek verzeichnet diese Publikation in der Deutschen Nationalbibliografie; detaillierte bibliografische Daten sind im Internet über http://dnb.d-nb.de abrufbar.

Gestaltung: Eva Kraskes, nach einem
Konzept von Lübbeke | Naumann | Thoben
Kartografie: altancicek.design, www.altancicek.de
Kartenbasisinformationen aus Openstreetmap,

Druck und Bindung: CPI – Clausen & Bosse, Leck
Printed in Germany 2022
ISBN 978-3-7408-1302-4

Vorwort

Schweinfurt ist schön? Nun ja, da gehen die Ansichten auseinander. Zweifelsfrei hat die Stadt richtig attraktive Ecken zu bieten, man muss sie nur finden. Und vorher am besten wissen, wo sie sind ... Es gibt zahlreiche Geheimtipps, vor allem im Landkreis.

Bei 111 konkreten Orten sind natürlich auch solche dabei, die nicht unbedingt überraschen. Beispielsweise das Rückert-Denkmal im Zentrum. Aber wer weiß schon, dass das (ehemalige) Rathaus in Dürrfeld fast so schön ist wie das in der Schweinfurter Innenstadt? Wer kennt das Schloss in Schwebheim oder weiß, dass es in Marktsteinach mitten im Ort eine Burgruine gibt?

Haben Sie schon mal die versteckte, alte und irgendwie unsinnig wirkende Brücke auf einer Waldlichtung bei Egenhausen gesehen? Oder das Felsenmeer hinter Hausen bei Schonungen? Wo es auch einen Kreuzberg gibt, weit weniger überlaufen als der in der Rhön.

Dieses Buch begibt sich zudem auf die Spuren eines Ortes, den mal rund 40.000 »Monster« bevölkerten, und zeigt eine an sich stille Scheune, in der es musikalisch einst mal ganz schön schepperte. Es weist den Weg zu Schweinfurts erstem Fünf-Sterne-Hotel, zum wohl kleinsten Kino Frankens, zum einzigen Dom des Landkreises und zu einem früheren Zoo.

Diese 111 Orte sind real in weniger als 111 Tagen zu entdecken, weil sich in der ein oder anderen Umgebung mehrere davon ballen. Manchmal sind deren drei fußläufig so nah beieinander, dass der Leser binnen einer Stunde locker auch mal eine Himmelsleiter finden, eine Aussichtskanzel besteigen und einen Planetenweg begehen kann.

111 Orte

Hoppachshof
Gemeinde Üchtelhausen
Kreis Schweinfurt

HUNDERTWASSER
AUSSTELLUNG
Kräuter Kraut & Rüben
Gemüseanbau Sennfeld

1 Der Pilger-Besinnungspfad

Auf den Spuren von Liborius Wagner

Es gibt Orte im Landkreis Schweinfurt, die kennt sogar kaum ein Landkreis-Bewohner. Es sei denn, er kommt aus der Marktgemeinde Stadtlauringen. Zu der zählt der kleine Ort Altenmünster. Der hat keine 300 Einwohner, aber zwei Kirchen, einen Pilgerhof und bot auch mal ein Haus der Begegnung mit Andachtsraum samt Altar und Orgel. Religion wird also großgeschrieben in dem Dorf unweit des Ellertshäuser Sees, durch das niemand fahren muss, es sei denn, es besteht ein spezielles Interesse.

Das könnte sich mit dem Besinnungspfad ergeben. Altenmünster gilt als Pilgerziel und hat sich als Erinnerung an Liborius Wagner einen kleinen Weg erschaffen. Dieser Liborius Wagner studierte in Leipzig, Gotha und Straßburg und wurde im 17. Jahrhundert Pfarrer in Mariä Himmelfahrt in Altenmünster. Im Dreißigjährigen Krieg wollten ihn die Schweden (!) dazu zwingen, seinen katholischen Glauben aufzugeben. Er weigerte sich trotz Folter und Misshandlung auf Schloss Mainberg, wohin man ihn verschleppte. Er wurde erstochen und in den Main geworfen, sein Leichnam dort erst nach mehreren Monaten von Fischern gefunden.

Bestattet wurde der 1974 von Papst Paul VI. seliggesprochene Liborius Wagner zwar in Heidenfeld im südlichen Landkreis Schweinfurt. Doch die Pilger zieht es immer wieder nach Altenmünster, von wo auch der rund 45-minütige sogenannte Pfaffensteg mit 14 Kreuzwegstationen zum Gebet nach Sulzdorf führt, zweiter damaliger Einsatzort Wagners als Pfarrer.

Der 2020 eingeweihte Liborius-Wagner-Besinnungspfad in Altenmünster soll die Möglichkeit geben, sich über Leben und Märtyrertod des einstigen Pfarrers zu informieren. Er führt über nur wenige Meter vom Dorfbrunnen bis zur Pfarrkirche Mariä Himmelfahrt. Mit sechs Tafeln über die Lebensgeschichte und sogenannten Impulstexten ist er alles andere als spektakulär, wirkt aber entschleunigend. Und Entschleunigung hat noch nie geschadet!

Adresse Am Dorfbrunnen, 97488 Altenmünster | **ÖPNV** Bus 8170, 8171, 9112 bis in den Ort | **Anfahrt** Parken rund um den Dorfbrunnen | **Tipp** Auch wenn es über 30 Kilometer entfernt ist: Das Kloster Heidenfeld als überaus markantes Gebäude sollte sich anschauen, wer auf den Spuren von Liborius Wagner auch dessen Ruhestätte besucht.

2 Der Seelenvater

Lief hier mal ein Mann ohne Kopf herum?

Wer von Schweinfurt aus an Dittelbrunn vorbei Richtung Maibach oder Poppenhausen fährt, überquert auf der B 286 vor einer Rechtskurve die sogenannte Heeresstraße, die von den einstigen Kasernen der Stadt an Niederwerrn vorbei zum früheren Truppenübungsplatz Brönnhof führt. An der Kurve befindet sich an einer Stelle, an der es an sich keinen anderen Grund zum Anhalten gibt, der sogenannte Seelenvater. Es ist ein kleiner, kaum auffallender Hügel mit zwei großen Lindenbäumen, von denen hier einst vier standen. Neben drei Betonblöcken steht eine Sitzbank. Von hier geht der Blick nach Schweinfurt, und wenn das jährliche Volksfest stattfindet, sieht man das aufgestellte Riesenrad von dieser Stelle aus besonders gut. Oder das brennende Flutlicht bei Fußball-Heimspielen des 1. FC Schweinfurt 05 im Sachs-Stadion.

Der Ort bietet gruselige Geschichten, denn an diesem Seelenvater sollen einst an Räder geflochtene Verbrecher zur Schau gestellt worden sein. Ein weiterer zum Tode Verurteilter sei vom Schwert enthauptet worden, und sein Körper soll an Ort und Stelle auch ohne Kopf noch ein paar Meter gelaufen sein. Es gibt passend zum hormäßigen Szenario ein überliefertes Gedicht, das folgendermaßen beginnt: »Wie schaurig ist heute die Mitternachtsstunde, von Niederwerrn her bellen heißer die Hunde, denn bei den ›vier Linden‹, da geht einer um, er trägt seinen Kopf in den Händen herum.«

Weiter heißt es danach: »Der Scharfrichter holte zum Todesstoß aus, aus kopflosem Halsstumpf schoss Blut heraus, der Körper erbebte, dann sprang er dahin. Die Leute im Umkreis erschraken und schrien!«

Klingt dramatisch und schrecklich. Und war es wohl auch. Selbst wenn niemand weiß, ob das wirklich passiert ist. Vielleicht schon. Doch bis auf den vorbeifahrenden Verkehr ist der Seelenvater heute ein absolut stiller und harmlos wirkender Ort. Zumindest für die Menschen, welche die Sage nicht kennen …

Adresse Kreuzung B 286/Heeresstraße bei 97456 Dittelbrunn | **ÖPNV** Stadtbus 42 nach Dittelbrunn, von der Haltestelle Eibenstraße sind es rund zwei Kilometer auf einem Radweg Richtung Poppenhausen | **Anfahrt** Parken am Seelenvater ist erlaubt | **Tipp** Oberhalb von Dittelbrunn und dem Schweinfurter Stadtteil Haardt befindet sich die Waldgaststätte Schießhaus. Die gilt mit ihrem riesigen Biergarten als das kulinarische Pilgerziel der Region.

3 Das einsame Rathaus 1

Fachwerk in der schmucklosen Hauptstraße

Das kleine Dorf Dürrfeld, das wie Ober- und Untereuerheim sowie Pusselsheim zur Gemeinde Grettstadt gehört, war bis zur Gebietsreform in den 1970er Jahren eigenständig. Und deshalb gibt's im Ort, der nur knapp über 400 Einwohner zählt, zur lang gezogenen Rathausstraße natürlich auch das passende alte Rathaus. Es handelt sich um einen zweigeschossigen, giebelständigen Fachwerkbau mit offener Erdgeschosshalle.

Nun würde mutmaßlich ein altes Gebäude, in dem mal ein Bürgermeister saß, nicht unbedingt so einfach Aufnahme finden in eine Auflistung von 111 Orten einer ganzen Region, die man unbedingt mal besucht haben sollte. Wäre da nicht die Besonderheit, dass es sich bei Dürrfeld eigentlich um ein insgesamt wenig besuchenswertes Dorf handelt. Es ist mehr oder weniger ein reiner Durchfahrtsort, egal, ob man nun von Obereuerheim nach Kleinrheinfeld oder von Grettstadt nach Pusselsheim möchte.

Die zentrale Rathausstraße in der Ortsmitte spielt dabei immer eine Rolle. Rechts und links befinden sich in der Mehrzahl wenig verzaubernde Wohngebäude. Zumindest keine mit Historie. Nur eben eines sticht völlig überraschend heraus. Voller historischer Schönheit, sodass dem alten Rathaus an sich zu wünschen wäre, es könne in einem Freilandmuseum wie beispielsweise in Fladungen in der Rhön oder im mittelfränkischen Bad Windheim eine Heimat unter gleichgesinnten alten Häusern finden.

Doch so gibt es immerhin einen echten Grund, um einfach mal nach Dürrfeld zu fahren. Nur für einen Blick auf ein schönes Gebäude als Fotomotiv. Wer mit dem Rad anreist: Falls es regnet, so steht unter dem Fachwerk-Vorbau des Rathauses mit zwei überdachten Bänken ein Schutz vor Nässe zur Verfügung. Wer vor Ort einkehren möchte: Ein Gasthaus gibt es leider nicht mehr, das Fußballteam der DJK sorgt bei den Heimspielen sonntags jedoch für eine außergewöhnlich leckere Bewirtung.

Adresse Rathausstraße 13, 97508 Dürrfeld | ÖPNV Landkreis-Bus 9306 | Anfahrt Parken direkt davor | Tipp Warum nicht mal Schloss Euerburg im benachbarten Obereuerheim besichtigen? Die Anlage befindet sich allerdings in Privatbesitz.

4 Die alte Brücke

Ein Eingang zum Steinbruch als Lost Place

Egenhausen ist bekannt für seine vielen Bildstöcke. Das kleine Dorf innerhalb der Marktgemeinde Werneck im westlichen Landkreis Schweinfurt, mehrfach ausgezeichnet beim Wettbewerb »Unser Dorf soll schöner werden«, weist zudem ein nahezu unbekanntes und verstecktes Geotop in einer kleinen Waldlichtung auf. Am Ortseingang von Schnackenwerth, aus dem Osten kommend gleich links, befindet sich wenige Meter entfernt von der Straße eine zwischen Bäumen verdeckte und somit versteckte Brücke. Aber handelt es sich hierbei auch um eine Brücke?

Mutmaßungen, dass sie etwas zu tun haben könnte mit der nie gebauten Reichsautobahn zu Adolf Hitlers Zeiten, zielen ins Leere und haben vielleicht etwas damit zu tun, dass sich das Bauwerk nahe eines sogenannten Teufelsgrabens befindet, an dem einmal im Jahr Trinkfreudige bei einer organisierten Bierwanderung rund um den zentralen Nachbarort Schleerieth laufen.

Wer rätselt, warum an dieser Stelle an einem sanften Hügel ohne weitere Querwege überhaupt mal eine Brücke notwendig gewesen ist, unterliegt jedoch ebenfalls einem Irrtum. Denn es handelt sich um die ehemalige Zufahrt zu einem Steinbruchgelände mit Werksandstein. Es ist also mehr ein Eingangstor als eine Überbrückung. Und dennoch absolut sehenswert und irgendwie ein faszinierender Lost Place.

Und wer dann schon mal in Egenhausen zum Besichtigen weilt: Rund um das Bildstockzentrum führt der sogenannte Steinhauerweg, der allerdings an dieser alten Brücke nicht direkt vorbeikommt. Hinter dem ausgezeichneten Weg steckt eine vom Tourismusverband konzipierte, knapp mehr als sieben Kilometer lange Wanderstrecke, auf der man beispielsweise an einem Goldgarten und an einer Marienkapelle vorbeikommt. Teil eines spirituellen Rundwegs ist Egenhausen auch. Für ein kleines Dorf mit gut 600 Einwohnern sind das allemal genügend Attraktionen, die einen Besuch rechtfertigen.

Adresse am östlichen Ortseingang, 97440 Egenhausen | ÖPNV Landkreis-Bus 8134, 8139 in den Ort | Anfahrt einige Parkplätze direkt vor der Ortseinfahrt von Schnackenwerth kommend | Tipp Wer urig einkehren möchte, sollte das in der Dorfgaststätte Weißes Ross in Schnackenwerth tun. Hier gibt's rustikale, gutbürgerliche Küche.

5 Das Jagdhaus am See

Traumimmobilie von Ellertshausen

Mit 33 Hektar ist der Ellertshäuser See der größte Stausee Unterfrankens, der Ende der 1950er Jahre künstlich an sich als Wasserspeicher angelegt wurde. Für die Bewässerung jedoch wurde er nie genutzt, frühzeitig aber als Badesee und für den Segelsport und Tretboote. Mit bis zu 1.200 Meter Länge und 370 Meter Breite ist der See dafür ideal.

Im Winter findet man hier Spaziergänger, die den sechs Kilometer langen Rundweg nutzen. Oder Schlittschuhläufer bei Eiseskälte. Im Sommer an heißen Tagen sind die Ufer schon mal überlastet, und es findet sich für den Abkühlungssuchenden an manchen Tagen schwer ein Parkplatz.

Vor ein paar Jahren erkannte die Marktgemeinde Stadtlauringen Verbesserungspotenzial, baute anstelle einer alten Waldhütte ein neues Gastronomiegebäude, legte den östlichen Teil des Nordufers mit Seeterrasse, Kiosk, Bühne und Wassererlebnis-Spielplatz komplett neu an und stellte die Weichen für exklusives Wohnen am Südufer, wo sich versteckt nun eine kleine Tiny-House-Siedlung befindet. Dort, wo es zu einer Ferienhaussiedlung geht, die gemeinhin als Ellertshausen bezeichnet wird. Auch wenn es diesen Ort eigentlich gar nicht gibt. Die gleichnamige Wüstung hingegen schon. Die befand sich dort, wo heute der See liegt.

Wer um ihn herumläuft, entdeckt am südlichen Ufer ein allein stehendes, einsames, aber irgendwie besonders schönes Haus. Von der Lage her eine absolute Traumimmobilie. Vielleicht war es ja mal das Rathaus von Ellertshausen? Nun, eher nicht. Es gehört seit 1971 dem Wasserwirtschaftsamt Bad Kissingen und ist ein ehemaliges Jagdhaus. Das Gebäude hat keinen Wasser- und Abwasseranschluss, deshalb erfolgte vonseiten des Freistaates Bayern keine Nutzung. Pachten oder mieten kann man es deshalb auch nicht. Schade eigentlich …

Übrigens: 2021 wurde das Wasser für Sanierungsarbeiten am Damm komplett abgelassen, voll wird er wohl erst 2024 wieder sein.

Adresse Ellertshäuser See, 97488 Stadtlauringen | **ÖPNV** Bus 8130 ab Schweinfurt bis zum See | **Anfahrt** großer Parkplatz neben der Gaststätte | **Tipp** Den sechs Kilometer langen und barrierefreien Rundweg um den See zu belaufen, das macht richtig Spaß. Genauso eine Tretbootfahrt auf dem Wasser.

6 Die Tiny-House-Siedlung

Kleine Unterkünfte am ganz großen See

Kleine Häuser als Wohnungen, sogenannte Tiny Houses, kommen ja wie das Campen zunehmend in Mode. Häuschen, die eigentlich alles Notwendige bieten, das aber auf nur zehn, maximal 15 Quadratmetern. Im Norden des Landkreises Schweinfurt befindet sich die Ferienhausanlage Tinylodge am Ellertshäuser See in höchst attraktiver Lage. Allerdings etwas versteckt abseits des größten Sees Unterfrankens, sodass weder Badegäste noch drum herumlaufende Spaziergänger direkt an den »Kästchen« vorbeikommen, in denen man durchaus auch auf Dauer, wenngleich natürlich ein bisschen beengt, leben könnte.

Im konkreten Fall werden die »Lodges« jedoch »nur« für Urlaubszwecke vermietet. Was die kleinen Häuser nicht unattraktiver macht. Zumal nach der Eröffnung sogar ein Tiny-Saunahaus mit Dusche, WC und eigenem Freibereich entstanden ist. Und Fahrradständer aus großen Baumstämmen für ein jedes der Gebäude. Dazu kommt die sogenannte Community Corner: eine große, mit Glas überdachte Lounge mit selbst gebauten Möbeln aus den Elementen Holz und Eisen. Die ebenfalls gut eingerichtete zusätzliche Outdoor-Küche ist der zentrale Meeting Point für alle Gäste. Wo man sich also treffen, gemeinsam essen und über Tiny-House-Erlebnisse austauschen kann.

Für die Bewohner gibt es darüber hinaus kostenfreie Leih-Surfboards für Stand-up-Paddle-Touren. Natürlich auf dem benachbarten Ellertshäuser See, den man zu Fuß in drei Minuten erreichen kann. Die komplette Tinylodge-Anlage wird übrigens mit Ökostrom betrieben. Selbst wer dort nicht übernachten möchte, darf bei einem Blick auf die kleine, aber feine Siedlung staunen. Sie ist das komplette Gegenteil eines in direkter Nachbarschaft entstandenen mehrgeschossigen Wohnblocks. Von dem aus hat man jedoch sogar einen Blick auf den Ellertshäuser See, dessen Wasser 2021 für Sanierungsmaßnahmen komplett abgelassen wurde. Macht aber den Tiny Houses nichts …

Adresse Eichenweg 2, 97488 Stadtlauringen | **ÖPNV** Bus 8130, 8132, 8170, 9112 nach Fuchsstadt | **Anfahrt** Parken am großen Platz an der Gastwirtschaft | **Tipp** Ein Rundgang durch die Ferienhaussiedlung ist ein ebenso schöner Spaziergang wie der um den See herum.

7 Die Treppe zum Park

Hier ging's mal vergnüglich zu

Die Autobahnen A 7 und A 71 verbindet die Bundesstraße 303. Das verursacht viel Durchgangsverkehr auf Euerbachs kurviger Hauptstraße. Wer anhalten mag: Einerseits gibt es in besten Zeiten dort gleich drei mobile Imbisswägen im Abstand von wenigen Metern mit unterschiedlichen Angeboten.

Gut auch für Spaziergänger, denn der Ort bietet zudem einen historischen Rundwanderweg, den 2010 eröffneten sogenannten Kulturachter mit 17 Stationen. Einige von ihnen, beispielsweise der Grenzsteingarten mit Euerbach in Miniaturformat, der Judenfriedhof oder das Friedensdenkmal, sind hochinteressant. Vorbei kommt der Wanderer dann auch am Sportplatz, wo einst mal überregional ambitionierter Fußball geboten wurde.

Was insbesondere aber für den einstigen Englischen Landschaftspark im Norden Richtung Kützberg gilt, wo heute ein dichter Wald zu finden ist. Ab Ende des 18. Jahrhunderts konnten nicht nur die Euerbacher dort auf einem Tanzplatz, in einem Wirtshaus, auf einer Kegelbahn, einem Schießplatz, einem Aussichtsturm oder in kleinen Tempeln einen vergnüglichen Tag verbringen. 1816 freilich war schon wieder Schluss mit lustig.

Heute ist von dem Park nur noch die historische Eingangstreppe, ein Brunnen, der Teufelsgraben und ein kleiner See vorhanden. All das aber verbirgt sich abseits der befahrenen Durchgangsstraße auf einer Anhöhe. Die Treppe führt heute einfach nur noch in eine unscheinbar wirkende wilde Natur hinein. Reizvoll.

Es gibt zum Graben Richtung Kützberg eine Sage, die einen Besuch noch spannender macht, wenn man sie kennt: Einmal soll einem Bauern ein Teufel erschienen sein. Der versprach seine Hilfe, wenn der Bauer dem Teufel seine Seele überreiche. Gesagt, getan. Doch der Bauer knüpfte seine Übergabe an Bedingungen, die der Teufel letztlich nicht erfüllen konnte. Aus Wut soll er auf die Erde geschlagen haben, wodurch eine kleine Schlucht entstand …

Adresse Am Steigberg (westliches Ende), 97502 Euerbach (Treppe) | **ÖPNV** Bus 8139 nach Euerbach | **Anfahrt** Am besten am alten Sportplatz parken und ein paar Meter laufen! | **Tipp** Auch wenn's einen Kontrast darstellt: Im benachbarten Oberwerrn gibt es eine Indoor-Kartbahn, die großen Fahrspaß bietet.

8 Bachgeflüster ohne Zuganschluss

Die Weidenallee vor der stillgelegten Bahnlinie

Ziemlich im Süden des Landkreises Schweinfurt befindet sich die knapp 1.000 Einwohner zählende und wirklich kleine Gemeinde Frankenwinheim. Die Fußballer aus dem Ort spielten mal für eine Saison in der damals vierthöchsten Landesliga, der sanfte Hügel Rosenberg ist eine bekannte Weinlage, weshalb am Sportplatz jährlich ein Weinfest stattfindet. Und wäre die Steigerwaldbahn nicht in den 1980er Jahren stillgelegt worden, hätte das Dorf sogar fast Anschluss an eine Zuglinie, die nicht weit davon entfernt vorbeilief. Die Gleise bestehen noch immer.

Beim Bayerischen Wettbewerb »Unser Dorf soll schöner werden – Unser Dorf hat Zukunft« gewann Frankenwinheim 1995 Gold und auf Bundesebene immerhin Silber. Das hatte sicherlich auch etwas zu tun mit dem Umfeld des Lülsbachs, der vom Ort in südlicher Richtung nach Lülsfeld fließt. Der Tourismusverband des Landkreises Schweinfurt hat dort eine etwas mehr als zehn Kilometer lange Rundwanderung konzipiert, die »Bachgeflüster« heißt und nach dem Start an der katholischen Kirche St. Johannes der Täufer zunächst hier entlangführt (um später nach Norden ins benachbarte Gerolzhofen abzubiegen und von dort wieder zurückzukommen).

Der Bereich am flüsternden Lülsbach ist der wohl schönste Teil der Wegstrecke. Denn hier sind alte Weiden gewachsen, die beiderseits des Wasserlaufs eine Allee bilden. Die Allee führt wiederum fast bis zum Heiligenbrünnlein, das sich bestens für eine erste Rast auf der kleinen, aber feinen Tour eignet.

Wenig später überqueren die Wanderer das aktuell unnütze Bahngleis, um dann über Felder die nächste Attraktion anzulaufen. Auch die Nützelbachseen am südlichen Ende von Gerolzhofen scheinen den Touristen zuzuflüstern, dass sich ein Ausflug in diese Region allemal lohnt. Vor allem natürlich zur warmen, blühenden Jahreszeit.

Adresse Scherenbergstraße, 97447 Frankenwinheim | **ÖPNV** Bus 8160, 8217, 8285, 9308 bis in den Ort | **Anfahrt** Parkplätze im Ort an der Kirche | **Tipp** Das Gasthaus Zur Sonne oder die Bäckerei Schmitt sorgen für große oder kleine Leckereien in dem kleinen Ort Frankenwinheim.

9 Das Brauhausmuseum

Hier fließt kein Gerstensaft mehr

Das alte Fachwerkhaus wirkt höchst unscheinbar. Und auch wenn es in der Straße namens »Zum See« liegt, so muss eigentlich niemand dort vorbeifahren. Denn die Umgehungsstraße von Fuchsstadt, dem kleinen Ort der Marktgemeinde Stadtlauringen, führt zum Ellertshäuser See, dem größten in Unterfranken, ohne dass eine Dorfrundfahrt notwendig ist.

Das Gebäude fast inmitten des Ortes ist also allein schon wegen seiner Lage ein Geheimtipp. Von außen weist nur ein kleines Schild darauf hin, dass sich hier ein Brauhausmuseum befindet. Seit 1965 schon wird im ehemaligen Gemeindebrauhaus von Fuchsstadt kein Bier mehr gebraut. Doch die Einwohner haben einiges erhalten können: einen kupfernen Braukessel beispielsweise, das Gerät zum Anmaischen, ein Kühlschiff oder Gärfässer im Keller plus einige Kleingeräte. Sieht man von draußen natürlich alles nicht …

Würde man das alles modernisieren, dann könnte in Fuchsstadt natürlich wieder gebraut werden. Auch mit den aktuellen Gerätschaften wäre es wohl noch möglich, doch das würde wahrscheinlich an den heutigen Hygieneauflagen scheitern. Bedarf wäre vorhanden, da es im gesamten Landkreis Schweinfurt lediglich eine einzige Brauerei gibt, nämlich die in Hausen bei Schonungen, ebenso im sogenannten Schweinfurter Oberland gelegen wie das kleine Fuchsstadt. Doch das Gebäude wird wohl eher nicht wieder umfunktioniert.

Es öffnet nach Vereinbarung seine Tore bei freiem Eintritt. Aber nur als Museum und zur Anschau dessen, was in der Vergangenheit hier passierte. Wer beim Besuch ein Bier trinken will, muss es sich schon selbst mitbringen. Aber zum Einkehren oder zum Draußensitzen eignet sich dann doch eher der benachbarte Ellertshäuser See mit seinem Kiosk und der großen Gastwirtschaft mit Biergarten.

Und wer Gerstensaft aus dem Landkreis trinken möchte, ist ja eben im gerade mal 17 Kilometer entfernten Hausen goldrichtig.

Adresse Zum See 18, 97488 Fuchsstadt | **ÖPNV** Bus 8130, 8132, 8170, 9112 bis Fuchsstadt | **Anfahrt** vor der Tür parken | **Öffnungszeiten** nach Vereinbarung unter Tel. 09724/906323 (Frau Klietsch) | **Tipp** Die Schwedenschanze in den Haßbergen in östlicher Richtung ist sehenswert. Das ist ein romantisch gelegener Aussichtsturm mitten im Wald.

10 Die Schweinfurter Südseen

Vögel von Heidenfeld aus betrachten

Der relativ unbekannte Sauerstücksee bei Grafenrheinfeld ist eines der Naturschutzgewässer im Landkreis Schweinfurt, über die man seitens der Bevölkerung wohl eher weniger weiß. Weniger zumindest als beispielsweise über den populären Ellertshäuser See im Norden oder den Baggersee zwischen den Gewerbegebieten Maintal und Hafen im Schweinfurter Stadtgebiet. Letztere eignen sich beide zum Baden und zum Bootfahren, also zum Wassersport, der im Sauerstücksee nicht erlaubt ist.

Gleiches gilt für das Vogelschutzgebiet Garstadt, östlich des Mains gelegen, obwohl sich der zur Gemeinde Bergrheinfeld zählende Ort Garstadt westlich davon befindet. Also ist es nur über Heidenfeld (Gemeinde Röthlein) oder das Areal um das Kernkraftwerk Grafenrheinfeld erreichbar. Wer die mächtigen, seit 2014 nicht mehr dampfenden Türme sieht, kann sich wohl kaum vorstellen, dass wenige 100 Meter entfernt in einer ehemaligen Kiesgrube ein Weiher und seine Umgebung die Heimat von angeblich mehr als 270 (!) verschiedenen Vogelarten sind, darunter Purpurreiher, Blaukehlchen, Grauspechte oder Halsbandschnäpper (warum auch immer das Tier so heißt).

Die Seenplatte mit Wald und Wiesen drum herum sowie ganz viel Schilf ist insofern touristisch im Ansatz erschlossen, als dass ein Turm zum Besteigen eine Übersicht von oben bietet. Wie er übrigens auch am Sauerstücksee entstanden ist. Rund um die Gewässer führen Pfade, an so mancher Stelle darf der Besucher auch mal seine Füße ins kühle Nass halten. An richtig heißen Tagen reizt zwar das Hineinspringen. Doch zum Schutz der gefiederten Freunde ist das zum Glück verboten. Doch andere Lebewesen beim Baden zu beobachten, das kann ja auch richtig Freude bereiten.

Vor dem Sauerstücksee befindet sich übrigens noch der Senftenhofsee. An beiden führt ein knapp sieben Kilometer langer Themen-Rundweg namens »Verwunschen-Verwunschen« vorbei.

Adresse Der Sauerstücksee befindet sich einen Kilometer östlich von Grafenrheinfeld, das Vogelschutzgebiet Garstadt einen Kilometer westlich von Heidenfeld. | ÖPNV Die Landkreis-Buslinie 8137 steuert Grafenrheinfeld und Heidenfeld an. | Anfahrt Parkplätze existieren jeweils etwas abseits. | Tipp In Grafenrheinfeld lohnt auch die Naherholungs-Anlage Altmainschleife Nord. Der Ort bietet wirklich viel mehr als nur die Türme des Kernkraftwerks …

11 Die Gaden hinter der Kirche

Ein versteckter historischer Flecken Dorfgeschichte

Umgehungsstraßen machen eine Durchfahrt nicht unbedingt notwendig. Der Altort der eigenständigen, 2.500 Einwohner zählenden Gemeinde Geldersheim westlich von Schweinfurt ist abgesehen von den Einheimischen weitestgehend autofrei. Ein bisschen versteckt hat sich auch die Pfarrkirche St. Nikolaus in einem der ältesten Orte im Landkreis. »Galderschum« (mundartlich) und seine große Kirchenburg, das ist ein stolzer Flecken Dorfgeschichte.

Die Gadenanlage, wie es beispielsweise auch in Gochsheim im Landkreis Schweinfurt eine gibt, ist neben dem erhaltenen Untertor, durch das man vom Osten in den historischen Dorfkern kommt, die große und doch stille Sehenswürdigkeit. Kleine Fachwerkhäuschen reihen sich in einer Gasse gegenüber der Kirche pittoresk aneinander. Zum Gadenfest und zum Adventsmarkt lockt das natürlich schon die Besucher in schönen Mengen nach Geldersheim.

Eher Geheimtipps sind die in den Häusern beheimateten Museen. Das 2001 eröffnete Archäologische Museum erinnert an die Vergangenheit bis in die Jungsteinzeit. Das 2010 dazugekommene Kleine Bauernmuseum zeigt landwirtschaftliche Geräte und Haushaltsgegenstände aus früherer Zeit. Und im CCC-Atelier sind immer mal wieder Ausstellungen zu sehen oder werden kleinere bis mittelgroße musikalische Events sehr erfolgreich veranstaltet. Hier bringt die Künstlerin Claudia Cornelie Cebulla auch anderen Personen gern mit großer Geduld und Begeisterung das Malen bei.

Leider tut sich in der Nachbarschaft die Gastronomie im Altort schwer, auch wenn der immer mal wieder leer stehende Fränkische Hof an sich an Tradition nicht zu überbieten ist. Im einstigen Zehnthof boten die Besitzer sogar mal Elch-, Zebra-, Känguru- oder Kamel-Gerichte an. Und man konnte im Dunkeln speisen, um die eigenen Geschmackssinne zu schärfen.

Adresse Würzburger Straße 18, 97505 Geldersheim | **ÖPNV** Landkreis-Bus 8148 | **Anfahrt** Parken direkt vor Ort | **Tipp** Besagtes Untertor über durchfahrenden Autos ist im ersten Stock bewohnt. Vielleicht lädt der Hausherr Neugierige mal ein?

12 Die Gertraudiskapelle

Beliebtes Ausflugsziel für Fotografen

1718 wurde die heutige Gertraudiskapelle erbaut. Auf dem Kappelberg ein bisschen außerhalb von Gerolzhofen und in Richtung Wiebelsberg. Fernab der Kleinstadt, noch hinter einem ebenfalls sehenswerten jüdischen Friedhof, östlich der Bundesstraße 286 und damit zumindest bei Nichteinheimischen wenig bekannt.

Die Kapelle neben einer alten Linde, eigentlich eher klein und auf den ersten Blick relativ unscheinbar, gilt als Rückzugs- und Besinnungsort, an dem die Menschen Kraft tanken und sich inspirieren lassen können. Zudem hat man von hier aus einen wunderschönen Ausblick, es soll sogar einer der schönsten Aussichtspunkte des nördlichen Steigerwalds sein.

Schon im 14. Jahrhundert gab es an dieser Stelle eine erste Kapelle, die aber später einem Brand zum Opfer fiel. Den 300. Geburtstag des späteren Neubaus feierten die Gerolzhöfer mit einer Ausstellung im Alten Rathaus. In der wurden zahlreiche Fotos von Hobbyfotografen gezeigt. Denn die Gertraudiskapelle gilt als ein beliebtes Motiv und wird immer wieder abgelichtet. Und das nicht ohne Grund.

Erreichbar ist sie am einfachsten, wenn man von Gerolzhofen in Richtung Dingolshausen vor der (bei Betrieb sehr lauten) Kartbahn nach rechts abbiegt und dann dem Flurweg, früher als Gertrudspfad bekannt, nach oben folgt. Mit jedem Meter wird es dann immer ruhiger. Und ist man erst einmal angekommen, dann winken Entspannung pur und ein einzigartiges Panorama!

Und wer nach diesem kleinen Ausflug Lust auf mehr hat: Nur knapp vier Kilometer Luftlinie entfernt befindet sich bei Bischwind die weitaus größere Wallfahrtskapelle »Maria Hilf der Christenheit«. Auch sie liegt auf einer Anhöhe, ist aber zu Fuß vom Dorf aus schneller und einfacher erreichbar als ihre kleinere »Schwester« bei Gerolzhofen. Die allerdings versprüht ein klein wenig mehr Romantik und Idylle. Auch wenn die Geschmäcker freilich verschieden sind.

Adresse oberhalb der Straße an der Kiesenmühle, 97447 Gerolzhofen | **ÖPNV** Bus 8160, 8217, 8285, 9306, 9307, 9308 bis Gerolzhofen | **Anfahrt** B 286 von Schweinfurt aus, großer Parkplatz in der Berliner Straße | **Tipp** Wie wär's mit Sport und Erholung im Freizeitbad Geomaris in der Nähe? Das ist das schönste und attraktivste Schwimmbad im Landkreis Schweinfurt.

13 Der Steigerwalddom

Die »aufgepimpte« katholische Stadtpfarrkirche

Bamberg hat einen Dom, Würzburg kann stolz mit seinem wuchern. Aber dass es im Landkreis Schweinfurt auch ein solches Bauwerk gibt, eine Kirche, die diesen Namen bekommen hat, der für ein mächtiges Gebäude steht, weiß bestimmt nicht jeder. Und doch: Der Steigerwalddom mit seinen beiden mächtigen Glockentürmen mitten in Gerolzhofen gilt als einer der Hauptgründe, wieso Touristen die kleine, nicht ganz 7.000 Einwohner zählende Kleinstadt am Fuße des Steigerwaldes besuchen.

Übrigens ist Gerolzhofen die einzige Stadt im Landkreis Schweinfurt. Und hat eben diesen Dom zu bieten. Genau genommen eine katholische Stadtpfarrkirche, die nach der heiligen Maria vom Rosenkranz und der heiligen Regiswindis benannt ist. Vielleicht hat man sie unbewusst und gar nicht mal aus marketingtechnischen Gründen namentlich »aufgepimpt«. Sondern weil sich »Steigerwalddom« halt auch einfach gut anhört.

Im 15. Jahrhundert erbaut, hat diese Kirche zahlreiche Schönheiten zu bieten, von denen sich die Besucher am besten selbst überzeugen sollten. Einerseits von außen und dann nach dem Betreten innen. Die barocke Maria mit zwei Rosenkränzen, spätgotische Engel, Hochaltar und Altarbild, Seitenaltäre, die achteckige Kanzel mit den Holzfiguren sowie die Glasgemälde werden als besonders sehenswert gelobt. Und das sind sie auch.

Gleich neben dem »Dom«, der also in Wirklichkeit gar keiner ist, feiern die Gerolzhöfer einmal im Jahr vor der sich anschließenden kleinen Fußgängerzone ihr mehrtägiges Weinfest auf dem Marktplatz. Und veranstalten dort natürlich auch einen Weihnachtsmarkt. In der Umgebung stehen ein paar weitere historische Gebäude wie beispielsweise das mittelalterliche Rathaus, die Heimat des Stadtmuseums, in dem sich ein Besuch der Dauerausstellung »Welterfolg Nähmaschine« lohnt. Das aber dann bitte in Verbindung mit der Besichtigung der mächtigen Kirche.

Adresse Marktplatz, 97447 Gerolzhofen | **ÖPNV** Landkreis-Bus 8160, 8217, 8285, 9306, 9307, 9308 | **Anfahrt** Parkplätze am Marktplatz | **Tipp** Die Brauerei-Gaststätte Weinig oder das Gasthaus Schlappn jeweils in der Rügshöfer Straße freuen sich mit guten Angeboten auf hungrige Gäste.

14 Der Weiße Turm

Das einstige nicht weiße Gefängnis

Das Fachwerkhaus Teutsch mit seinem Erkertürmchen und seiner Buchhandlung gleich daneben strahlt zweifelsfrei mehr Schönheit aus. Doch das höhere Gebäude in der unmittelbaren Umgebung bietet die etwas interessantere Geschichte. Es befindet sich in der Weiße-Turm-Straße nicht weit entfernt vom fußläufig in zwei Minuten erreichbaren Marktplatz in Gerolzhofen und ist Namensgeber dieser Gasse.

Es handelt sich um den Weißen Turm, der aber gar nicht weiß ist. Was sich freilich durch einen gezielten Anstrich jederzeit ändern ließe. Die Stadtverantwortlichen müssten nur wollen. Jedenfalls hat der über 20 Meter hohe, 1380 erbaute Turm mit seiner sogenannten »welschen Haube«, dem glockenförmig geschweiften Dach, eine ganz besondere Vergangenheit: Bis ins frühe 19. Jahrhundert hinein diente er als Gefängnis für die Schurken und Schuldner der Stadt. Und so war in dieser Sackgasse einst auch ganz wörtlich Endstation.

Längst erinnert nichts mehr an den einstigen Kerker Gerolzhofens. Die Bürger kommen nicht zuletzt wegen eines italienischen Restaurants im angrenzenden Gebäude nebst Biergarten inzwischen sogar höchst gern hierher. In unmittelbarer Nähe befinden sich auch noch ein Weißer Hof mit einer überdachten Toreinfahrt und das Fachwerkhaus Echterhof mit einem Sechseck-Turm und nachgotischen Treppengiebeln. Wer weiß, wie weiß Gerolzhofen ist?

Kurzum: Gerolzhofen bietet durchaus ein paar interessante Ecken, die einen Besuch rechtfertigen. Auch wenn die Bundesstraße B 286 die Autofahrer gern am Städtchen vorbeilotsen will. Die Ausfahrt – es gibt sogar gleich zwei davon, Süd und Nord – lohnt sich für die ein oder andere wenig bekannte Sehenswürdigkeit. Und dazu gehört zweifelsfrei der nicht weiße Weiße Turm. Auch wenn man ihn nur wahrnimmt auf dem Weg zu einer Pizza oder einem Nudelgericht. Oder zu einem italienischen Weißwein …

Adresse Weiße-Turm-Straße 22, 97447 Gerolzhofen | **ÖPNV** Landkreis-Bus 8160, 8217, 8285, 9306, 9307, 9308 | **Anfahrt** Parkplätze am Marktplatz | **Tipp** Die Östliche Allee kann man dank des Grüngürtels gut entlangschlendern. Dort findet einmal im Jahr im Sommer ein Event namens »Kunst & Kulinarisches« statt.

15 Der Planetenweg

Warum nicht mal die Sonne berühren?

Zwischen den zwei ehemaligen Freien Reichsdörfern Gochsheim und Sennfeld verläuft die Autobahn A 70. Südlich und vor allem nördlich davon gibt es seit 2021 eine besondere, aber stille Attraktion ohne touristischen Ansturm. Ein ebenerdiger Planetenweg als Rundweg von knapp drei Kilometer Länge durch die Natur regt den Körper wie den Geist gleichermaßen an.

Denn beim Wandern oder Spazieren, je nach Tempo, lassen sich auf der Strecke zahlreiche Informationen aufsaugen. Los geht's in etwa an der Stelle, wo sich die Gemarkungen der beiden Dörfer Sennfeld und Gochsheim treffen. Ab hier wird es heiß. Zur Sonne und zu den Planeten gibt es insgesamt neun Stationen und jeweils Wissenswertes auf Tafeln. Mars, Erde, Venus, Merkur und die riesige Sonne liegen dicht beieinander. Letztere lässt sich als riesige Kugel sogar anfassen. Sie ist auch gar nicht so warm wie in natura …

Jupiter, Saturn, Uranus und Neptun folgen auf dem quadratisch angelegten und ordentlich beschilderten Rundkurs, auf dem man zwei Mal die Autobahn unterquert. Die sorgt natürlich für einigen Lärm. Was aber zu ertragen ist. Eine Projektgruppe des Schweinfurter Olympia-Morata-Gymnasiums dachte sich im Fachgebiet Geografie den leicht zu laufenden Weg aus. Mit Hilfe der touristischen Allianz Schweinfurter Mainbogen, einem örtlichen Bildhauer sowie weiteren Sponsoren ließ sich das erarbeitete Konzept binnen eines halben Jahres in die Tat umsetzen. Maßstabsgerecht zum echten Planetensystem sind die Abstände der einzelnen Himmelskörper angeordnet.

Alle Planeten sind relativ ausführlich beschrieben, Kenntnislücken lassen sich so an jeder Kugel füllen. Wer tiefer in das Wissen zum Sonnensystem einsteigen will, kann das Handy nutzen, um den QR-Code an den Stationen zu scannen. Das ist dann aber schon ganz schön viel Aufwand für einen an sich erholsamen Wissens-Spaziergang zwischen der Sonne und den Planeten.

Adresse zwischen 97526 Sennfeld und 97469 Gochsheim gelegen | ÖPNV Bus 82 nach Gochsheim, Haltestelle Lucas-Cranach-Weg; Bus 81 nach Sennfeld, Haltestelle Am Breiten Rain | Anfahrt am Partensee in Sennfeld oder in der Sennfelder Straße in Gochsheim parken und dann ein bisschen laufen! | Öffnungszeiten immer | Tipp In Sennfeld und Gochsheim gibt's jeweils ein modernes Hallenbad. Was heutzutage ja nicht selbstverständlich ist. Das in Sennfeld hat sogar eine Wasserrutsche.

16 Der »Hamicher Bänklesweg«

Rund ums Dorf laufen, elf Mal sitzen

Der knapp zweieinhalbtausend Einwohner zählende Ort Hambach im Landkreis Schweinfurt bietet ein paar Besonderheiten. Zum einen steht hier das Rathaus der Gemeinde, obwohl die ihren Hauptsitz eigentlich im Nachbardorf Dittelbrunn hat. Zum anderen hat man sich hier eine Gaststätten-Tradition erhalten. Es gibt neben einem Sportheim-Griechen drei jeweils gut laufende fränkische Wirtshäuser binnen weniger hundert Meter. Um die neun Kilometer muss (oder darf) dagegen laufen, wer Lust hat auf eine Ortsumrundung. Denn der erst 2020 entstandene »Hamicher Bänklesweg« führt einmal komplett rund um das Dorf.

Die durchaus beachtliche Strecke ergibt sich durch die vor allem in Richtung Norden und Pfändhausen ausschweifende Wegführung. Ein Abkürzen wäre zwar möglich. Doch dann entgehen dem Wanderer ganz weit oben zwei der insgesamt elf Sitzbänke zum Verweilen, die allesamt im recht regelmäßigen Abstand aufgestellt wurden. Nun gut: Es mag eine Herausforderung darstellen, sich auf diesem ausgedehnten Spaziergang gleich elf Mal hinsetzen und ausruhen zu wollen …

Vorbei geht's beispielsweise am durchaus sehenswerten Reitsportstadion der Pferdefreunde Lindenhof, die jährlich Dressur-, Spring- und Vielseitigkeitsturniere ausrichten. Schöne bunte Wegweiser zeigen an allen Gabelungen stets, wo es langgeht. Verlaufen kann sich auf dem Bänklesweg wirklich niemand.

Parkplätze für das Auto bieten alle Gastronomiebetriebe (die natürlich auf hungrige Spaziergänger hoffen, die sich durch das Laufen den Appetit geholt haben) sowie die große Fläche vor dem Fußballplatz der Spielvereinigung oder gleich am südlichen Ortseingang das Rathaus, in dem sich auch ein Radsport-Museum befindet. Und weil's unweit tatsächlich eine Mariengrotte gibt, haben die Hambacher dort freilich auch gleich eine Sitzbank errichtet.

Adresse Grottenweg 2, 97456 Hambach (Adresse des Rathauses) | ÖPNV Stadtbus 44 | Anfahrt Parkmöglichkeiten überall | Tipp Für Kids hat man die einstige Tennishalle zum Atlantis-Abenteuerland umgebaut. Aber Vorsicht: Angeblich besteht Suchtgefahr!

17 Der Ort Handthal

Weinberg und Wirtshausdichte sind hoch

Ganz im Südwesten des Landkreises Schweinfurt befindet sich mit dem knapp 100 Einwohner zählenden Ort Handthal, der zur Winzergemeinde Oberschwarzach gehört, eines der landwirtschaftlich am schönsten gelegenen Dörfer der Region. Handthal liegt in einer Sackgasse, ist umrundet von Weinbergen und vom Steigerwald, öffnet sich lediglich nach Westen in einer flachen Ebene Richtung Gerolzhofen und weiß von drei Seiten sanfte Hügel um sich.

Mit dem Forellenhof, dem Brunnenhof, dem Gasthaus Stollburg, dem Winzermännle und der Schoppenstübla gab es einst gleich fünf Wirtshäuser, dazu das Café Lust. Mehr Einkehrmöglichkeiten auf so kleiner Fläche gehen ja gar nicht. Das klingt nach Weltrekord. Mit dem »Waldläufer« ist eine gut neun Kilometer lange Wandertour vom Dorf ausgehend ausgeschildert. Nach dem Laufen muss man schon lange überlegen, wo man einkehren möchte. Bei so einer Auswahl. Die meisten Gaststätten bestehen noch, haben Corona überlebt.

Zudem gibt es in und um Handthal einen optisch bemerkenswerten Weinberg, Frankens höchster mit fast 400 Metern. Dann ist da noch die Ruine oberhalb dieses Stollbergs mit gleichem Namen, einst die Burg und damit das Zuhause von Minnesänger Walther von der Vogelweide, dessen Lieder man oben an einer eingerichteten Station hören kann. Der Weg zur Burg hinauf führt über den magischen Ort namens »terroir f« mit vielen Infos zum Thema Wein. Letztlich gibt's im Tal noch das 2014 eröffnete Steigerwald-Zentrum, eine Erlebnis- und Bildungseinrichtung der Bayerischen Forstverwaltung zum Thema Nachhaltigkeit mit wechselnden Ausstellungen und rund um's Jahr immer wieder diversen Veranstaltungs-Angeboten in der Natur.

Allein für einen Besuch in Handthal gibt's … um die zehn Gründe. Und die rechtfertigen für Urlauber allemal sogar einen mehrtägigen Aufenthalt. Der elfte wäre der Fußweg zum Baumwipfelpfad nach Ebrach.

Adresse 97516 Handthal | ÖPNV Landkreis-Bus 8285 in den Ort | Anfahrt Parken am Großparkplatz des Steigerwald-Zentrums | Tipp Nicht weit weg, bei Ebrach, befinden sich der Baumwipfelpfad und ein Fledermauspfad.

18 Der Felsensee

Steile Klippen an drei Seiten

Es gibt Attraktionen, die kennen sicherlich die allerwenigsten Schweinfurter, obwohl diese Sehenswürdigkeiten im Landkreis doch ganz nah und auch schnell erreichbar sind. Hausen bei Schonungen oder der zur Gemeinde Üchtelhausen zählende Weiler Ottenhausen bieten diesen geografischen Höhepunkt jeweils ein paar wenige Kilometer voneinander entfernt.

Von beiden Orten ist der Felsensee, der in der sogenannten Schweinfurter Rhön liegt oder im Schweinfurter Oberland, zu Fuß in rund 30 Minuten locker erreichbar. Mit dem Rad natürlich weitaus schneller. Warum der rund 2,5 Hektar große Grundwassersee in einem Ende des letzten Jahrhunderts stillgelegten Kalksteinbruch in diesem so aufregend naturbelassenen Ottenhäuser Grund in einem Naturschutzgebiet so unbekannt ist? Ganz einfach: Er ist komplett eingezäunt, somit nicht zugänglich und nur dann einsehbar, wenn man sich die Mühe macht und um ihn herumläuft. Was durchaus mit ein paar Anstrengungen verbunden ist angesichts der teils recht steil nach oben führenden Trampelpfade.

Auch die Zäune haben natürlich einen Grund, einen ganz gewichtigen sogar: Denn an drei Seiten geht es über Felswände nahezu senkrecht meterweit nach unten. Und weil das so gefährlich ist und das Gebiet gerade an die Natur zurückgegeben wird und keine Badegäste verträgt, erklärt sich die Abgrenzung von selbst.

Hinter ihr verbirgt sich jedoch eines der ganz großen Abenteuer des Landkreises Schweinfurt. Eines, das man an sich irgendwie touristisch erlebbar machen müsste. Beispielsweise mit einer Plattform, einem Skywalk, was sicherlich die Menschen in Massen anlocken würde. Doch will man das? Eher nicht! Denn so bleibt das grüne Tal des Wollenbachs relativ unberührt, und es wird nur am 1. Mai laut, wenn nahe beim See ein jährliches Fest stattfindet. Da pilgern dann Hunderte Besucher zu den aufgebauten Buden und genießen zu einer Bratwurst oder einem Stück Kuchen Bier oder Kaffee.

Adresse 97453 Hausen, ab dem Norden des Dorfs sind's zweieinhalb Kilometer zu Fuß | ÖPNV Stadtbus 71 bis Hausen | Anfahrt Parken in Hausen im Ort | Tipp Nicht weit weg befindet sich der Golfplatz bei Löffelsterz, auf dem der Golfclub Schweinfurt zu Hause ist.

19 Der letzte Biergarten

Uli Martin hält die Tradition aufrecht

Die Gegend um Schweinfurt gilt eigentlich als Weinregion. Was insoweit stimmt, als dass der Landkreis in Richtung Würzburg zahlreiche Winzerorte wie beispielsweise Stammheim oder Wipfeld aufweist. Und selbst in Richtung der Bierregion Bamberg werden sogar im Schweinfurter Stadtgebiet an der Peterstirn Trauben geerntet. Mindestens einmal im Jahr findet hier oben ein äußerst populäres Weinfest statt.

Aber was ist mit dem Bier? Um die 30 Brauereien soll es früher mal in und um Schweinfurt gegeben haben. Davon übrig geblieben ist in der Stadt eine einzige: die Roth Bier GmbH, im Zentrum gelegen, leider ohne eigenen Biergarten oder: Keller, wie man in Oberfranken sagt. Das große Brauhaus Schweinfurt schlitterte 2015 in die Insolvenz. Im Landkreis Schweinfurt erwischte es 2020 die Wernecker Brauerei. Seitdem gibt es auch im SW-Umkreis nur noch eine: 2008 eröffnete der Mainberger Ulrich Martin in Hausen bei Schonungen eine alte Gast- mit Braustätte nach rund 50 Jahren des bierproduzierenden Ruhestands neu.

Und hat damit seitdem großen Erfolg. Sein bernsteinfarbenes »Spezial« ist weit über die Grenzen der Region hinaus bekannt, zweimal im Jahr wird ein Martini- und Josephi-Bock gebraut. Als Speisen gibt es noch so etwas wie gebratene Leberwurst mit Bratkartoffeln. Pommes frites kommen hier nicht auf den Tisch. Sogar eine eigene »UliMo« schenkt Ulrich Martin, dessen Zwillingsbruder Volker in Mainberg ein Hotel mit Café und Weinstube betreibt, aus.

Und natürlich ist der »Keller« das Sommer-Highlight: ein Biergarten hinter dem Haus auf mehreren Etagen. Mit einigen überdachten Plätzen und einer Bühne für Musiker. Das ist ein Muss für alle fränkischen Freunde von Gerstensäften und Gemütlichkeit. Es ist leider der einzige übrig gebliebene Brauerei-Biergarten im Kreis Schweinfurt. Und deshalb, man mag es verstehen, ein an schönen Sommertagen besonders gut besuchter …

Adresse Hausener Hauptstraße 5, 97453 Schonungen | ÖPNV Stadtbus 72 | Anfahrt Parken vor dem Wirtshaus | Tipp Für Wanderfreunde lohnt sich von hier der Weg durch das Tal am Wollenbach entlang zur fünf Kilometer entfernten Tannenberghütte Ottenhausen. Auch die ist an bestimmten Tagen bewirtschaftet.

20 Das kleinste Kino

20 rote Sitze im Lichtspielhaus

»Ted Garner« ist ein regional bekannter Musiker, der im wahren Leben Jürgen Gerner heißt. Der Hobby-Musiker besitzt in seinem Haus in Hirschfeld im südlichen Landkreis ein komplett eingerichtetes Tonstudio. In dem startete in den 1980er Jahren die Erfolgsgeschichte der Band Relax, die mit Songs wie »Weil i di mog« oder »A weißes Blatterl Papier« chartete. Auch Bands wie die regional bekannten Jets oder die Rossinis ließen hier ihre CDs produzieren. Heute noch lassen immer wieder Musiker in Hirschfeld Song auf Scheiben pressen. Oder besser: Sie lassen den Grundstein dafür legen.

Gerner selbst nahm eigene Titel wie »Roger Moore« oder »Kino ist Leben« nicht ohne Grund auf. Denn er ist ein Cineast und hat sich neben dem Tonstudio einen Traum verwirklicht und ein kleines Kino mit 20 Sitzplätzen und einer vier Meter langen Leinwand eingerichtet. Breitwand-Cinemascope und Surround-Sound inbegriffen.

Immer wieder steigt im Hause Gerner eine der legendären Partys. Die engen Freunde werden dann eingeladen zum Filmschauen. Und so steht vor dem gemütlichen Beisammensein in der hauseigenen Bar eben eine Kinovorführung an. »Casino Royale«, einer der jüngeren James-Bond-Streifen, reihte sich in die Serie guter Filme ein, die Gerner, ein gelernter Karosseriebauer, so schätzt. »Lola rennt« oder »Pearl Harbor« heißen die Filme der Neuzeit, »Spiel mir das Lied vom Tod«, »Casablanca« oder »Vom Winde verweht« sind die Klassiker, die einst im Hirschfelder Lichtspielhaus liefen.

Als Kind faszinierten Jürgen Gerner Kinos. Einst profitierte er davon, dass in Schweinfurt gerade das »Bavaria« am Roßmarkt schloss. Günstig kam er so zu Kinostühlen, die mittlerweile längst Platz machten für gemütlichere in Rot. Genießen darf das aber nur, wer den Eigentümer gut kennt. Vielleicht haben Interessenten ja Glück und treffen ihn zufällig mal, vielleicht im benachbarten Sportheim der DJK Hirschfeld.

Adresse Obere Straße 18, 97520 Hirschfeld | ÖPNV Landkreis-Bus 8137 in den Ort | Anfahrt Parkplätze davor | Öffnungszeiten privat, leider nicht besuchbar | Tipp Gegenüber befindet sich eine Kanu-Anlegestelle, von wo aus man den Hirschfelder Weiher bepaddeln kann. Im Sommer macht das Spaß. Und ebenfalls nebenan: ein Biergarten des Vereinsheims.

21 Hoch, höher, Hoppachshof

Hier gibt's trotzdem keinen Wintersport

Die neue Kirche Maria Schmerz – der Name stimmt tatsächlich – gleich neben einem See in der Dorfmitte, in dem der in Schweinfurt in den Main fließende Höllenbach entspringt, oder auch die alte, kleine Kapelle mögen wohl die einzigen Sehenswürdigkeiten des rund zehn Kilometer nördlich von Schweinfurt gelegenen und zur Gemeinde Üchtelhausen zählenden Ortes Hoppachshof sein.

Der frühere Weiler, bis zur Gebietsreform zu Hesselbach gehörend, wo sich heute das Rathaus der Gemeinde befindet, wuchs nach dem Zweiten Weltkrieg dank einer Neubausiedlung zu einem kleinen, aber durchaus beachtlichen Ort heran, der eine Besonderheit vorweisen kann: Es handelt sich um die höchstgelegene Ortschaft im Landkreis Schweinfurt mit 403 Metern über Normalhöhennull. Damit schnuppern die Hoppachshofer mehr Höhenluft als beispielsweise die Bewohner rund um den Bodensee.

Sogar auf 421 Metern befindet sich die Spitze eines etwas außerhalb gelegenen Funkturms, neben dem sich mal eine Golfakademie mit einer Driving Ranch befand. Einen nicht immer sauber gemähten Fußballplatz gibt es in Hoppachshof auch, allerdings keine aktiven Kicker und keinen örtlichen Fußballverein. Spielbetrieb findet noch in Üchtelhausen oder Hesselbach statt.

Obwohl sich das Dorf in der sogenannten Schweinfurter Rhön befindet, die auf das Mittelgebirge hinweist, handelt es sich um keinen Wintersport-Ort. Selbst wenn hier oftmals noch immer mehr Schnee liegt als im Tal und obwohl einst im unweit gelegenen Weiler Thomashof an der Hütte Haselstaude des Deutschen Alpenvereins eine Skilanglauf-Loipe präpariert wurde.

Durchgangsverkehr gibt es in Hoppachshof an sich nicht, denn die Staatsstraße führt am Ort vorbei. Hinschauen muss man nun ja auch nicht unbedingt, es sei denn, der eine oder andere Vorbeifahrende möchte ein wenig Höhenluft schnuppern. Und mal im höchsten Ort des Landkreises gewesen sein …

Adresse 97532 Hoppachshof | ÖPNV Bus 8170, 8171 in den Ort | Anfahrt Parken überall im Ort | Tipp Das Madenhäusle in Madenhausen, ein uriges Wirtshaus, ist nur zwei Kilometer entfernt. Dort redet man fränkisch und ist auch die Speisekarte derart gestaltet, dass man mit bloßen Hochdeutsch-Kenntnissen selten weiß, was man bestellt …

22 Der Abenteuerspielplatz

Mit dem Floß über den See

Spielplätze für Kinder gibt es an sich in jedem Dorf. Auch im Landkreis Schweinfurt. Einer aber gilt als der wohl abenteuerlichste in der Region. Absolut aufregend und mit viel wilder Natur drum herum! Eben weil er sich mitten im Wald befindet, zwischen dem Zabelstein und der kleinen Ortschaft Hundelshausen, dort, wo man nur vorbeikommt, wenn man wirklich hinwill, ist er zumindest bei den Schweinfurter Stadtkids nicht wirklich sonderlich bekannt.

Obwohl er so viel zu bieten hat und ein großartiges Ausflugsziel ist! Es gibt einen von frischem Quellwasser gespeisten Matschspielplatz, dank dem sich die Mama zu Hause danach sicherlich freut und die Waschmaschine Beschäftigung findet. Auch der Papa strahlt schon auf der Heimfahrt im Auto.

Klettern, Schaukeln und Wippen ist an diversen Stellen des Abenteuerspielplatzes möglich. Wer will, kann sich aber auch einfach nur auf eine Bank oder auf den Rasenhang setzen und auf dem schattigen Areal entspannen.

Für Kinder freilich ist Ausruhen nur zur allerhöchsten Not eine Alternative. Erst recht, weil ja auf dem Spielplatz, den der Landkreis Schweinfurt unter sich hat, ein absolutes Highlight und regionales Alleinstellungsmerkmal heraussticht: Hier gibt's im Wald einen kleinen See, den die Abenteurer mit Floß und Seilzug überqueren können. Wer ausrutscht und mal ins Wasser fällt: Egal, tief ist das nicht, und außerdem sind die Klamotten vom Matschspielplatz ja ohnehin beschmutzt.

Rindenmulch sorgt bei den Geräten zudem für eine Federung, falls mal jemand zu Boden fällt. Dann heißt es: Aufrappeln und weiter geht's! Wenn nach dem Spielen der große Hunger kommt: In den umliegenden Orten Altmannsdorf, Michelau, Prüßberg, Neuhausen oder Eschenau gibt es überall attraktive fränkische Wirtshäuser für die perfekte Einkehr nach einem garantiert aufregenden Tag im Wald. Auf *dem* Abenteuerspielplatz der Region!

Adresse 97513 Hundelshausen, an der Straße Richtung Osten und Fabrikschleichach rund einen Kilometer nach dem Ort | ÖPNV Landkreis-Bus 9306 bis Hundelshausen | Anfahrt Parkplätze am Spielplatz | Tipp Zwei Orte weiter befindet sich im kleinen Ort Neuhaus der Steigerwald Bogenparcours. Wer also mal Robin Hood spielen will, sollte da hinschauen.

23 Der Kohlenmeiler Zabelstein

Sieht aus wie ein gruftiges Kellergewölbe

Was machten eigentlich einst die Köhler, ein früher überaus verbreiteter Berufszweig? Diese Handwerker erzeugten Holzkohle (wie man sie heute ganz einfach im Supermarkt oder auch an der Tankstelle kaufen kann). Das Herstellen gelang einst in sogenannten Kohlenmeilern, wie es beispielsweise einen überaus sehenswerten noch im südlichen Landkreis Schweinfurt gibt. Unweit der einstigen Zabelsteiner Höfe, die mal zum Schloss Zabelstein gehörten und die bis Mitte des 19. Jahrhunderts als Wohnunterkünfte dort standen, befindet sich etwas abseits des ebenen Weges vom Hauptparkplatz zum Aussichtsturm dieser Meiler.

Von der einen Seite sieht er aus wie ein kleiner Erdhügel, der zur Zierde ein paar Schornsteine bekam. Läuft man herum, dann wirkt er wie ein Kellergewölbe oder eine kleine Gruft. Ein bisschen gruselig sieht das natürlich schon aus. Doch eine Hinweistafel, schon leicht verwittert, weist auf die ehemalige Funktion dieses »Gebäudes« hin.

Bis zum Ende des Zweiten Weltkriegs war der Kohlenmeiler Zabelstein in Betrieb. 1974 renovierte ihn der Naturpark Steigerwald. Damit er wieder schön anzuschauen ist. Doch wie funktionierte das alles? Die zwei Brennkammern füllten die Köhler einst mit Buchenscheiten, schlossen sie luftdicht ab und zündeten mit einer nach außen führenden Lunte an.

Der Rauch zog durch die alle paar Stunden geöffneten Kamine ab. Die Verkohlung des Holzes durch das dadurch langsame Verbrennen nennt man auch trockene Destillation. Diese entstandene Holzkohle enthielt bis zu 90 Prozent reinen und wertvollen Kohlenstoff. Das Auffüllen der Kammern dauerte einen Tag, die Verkohlung zwei Tage und das Abkühlen und danach das Ausräumen sogar vier Tage. Die Arbeiter, die Köhler also, wohnten in dieser Zeit in einer benachbarten Hütte.

Adresse Zabelsteinparkplatz bei 97513 Hundelshausen | **ÖPNV** Landkreis-Bus 9306 nach Hundelshausen | **Anfahrt** ausreichend Parkplätze, ab hier ist es zu Fuß rund einen Kilometer in Richtung Zabelsteinturm | **Tipp** Das Hexenhäusle drei Orte weiter in Neuhausen verspricht eine urige Einkehr. Außergewöhnlicher und abgeschiedener kann ein Wirtshaus eigentlich nicht sein.

24 Der Zabelsteinturm

Der neue, dritte ist »nur« 20 Meter hoch

Im Landkreis Schweinfurt ist die Zahl der Türme, die man auf irgendwelchen Hügeln besteigen kann, höchst überschaubar. Es gibt sehr wenige, dafür am Zabelstein im Süden an der Grenze zu den Haßbergen einen, der unlängst erst neu gebaut wurde, weil der alte im holzigen Gebälk knirschte und nicht mehr so richtig sicher war. Ende 2020 wurde gebaut, um Anfang 2021 dann nicht gleich eröffnen zu können wegen Corona.

Der Zabelstein mit seinen 480 Meter Höhe liegt im Steigerwald, um ihn herum befinden sich zahlreiche Ortschaften, die durch ihren Weinbau bekannt sind. Und die sich daher und aufgrund ordentlicher Wirtshäuser mit noch ordentlicheren Portionen bei den Schweinfurtern überaus großer Beliebtheit erfreuen. Das Schnitzel muss dabei schon über den Teller ragen …

Oben auf dem Zabelstein gibt es mit einer Sendeanlage einen früher von den Amerikanern genutzten zweiten Turm mit einer Antenne auf 61 Meter Höhe. Der neue, dagegen »nur« knapp 20 Meter hohe, aber besteigbare Zabelstein-Aussichtsturm gleich neben dem Lingmann-Haus, einer Unterkunftshütte für Wanderer, lockt aber eher die Touristen auf diesen Hügel, der zudem einen fast zwei Kilometer langen Biotoplehrpfad mit zwölf informativen Stationen bietet und die Ruine der ehemaligen Burg Zabelstein. Von der blieben allerdings nur Mauerreste übrig und Andeutungen von ein paar Türmen. Interessant ist das natürlich schon.

Faszinierend ist die Vorstellung, was hier mal gestanden haben muss, also allemal. Auch wenn die meisten Touristen natürlich kommen, um den (jetzt ganz neuen und modernen) Turm zu besteigen. Nebenan hat zumindest am Wochenende und an Feiertagen sowie zu Festlichkeiten sogar eine Bratwurstbude geöffnet. Und es gibt mitten in der Idylle des Waldes ein rund um die Uhr geöffnetes Toilettenhäuschen. Das sorgt dafür, dass die Natur von Wildpinklern verschont wird.

Adresse Zabelstein, 97513 Hundelshausen | ÖPNV Landkreis-Bus 9306 bis Hundelshausen, ab da heißt es laufen … | Anfahrt Der Parkplatz Zabelstein ist ausgeschildert. | Tipp Weiter westlich in Zell am Ebersberg in den Haßbergen befindet sich ein wildromantischer Schlangenpfad, auf dem man unterwegs eine Königseiche trifft.

25 Der Kützberger Wartturm

Der Stumpen auf 340 Höhenmetern

Kützberg ist nicht gerade der Ort, an den man unbedingt pilgern muss. Das Dorf, das zur Gemeinde Poppenhausen gehört, liegt westlich der Stadt Schweinfurt im Landkreis Schweinfurt und kann eine recht sehenswerte Kirche bieten, aber ansonsten wenig, was einen Besuch so richtig rechtfertigt. Und das dürften die Kützberger auch zugeben wollen.

Nachdem es hier aber um Orte geht, die man gesehen haben muss, lässt sich der Bogen spannen zu etwas doch Beachtlichem, fast schon Einzigartigem in der Region. Man sollte bereit sein, den ausgeschilderten Wanderweg »Rund um Kützberg« zu begehen, der an der Kirche startet. Auf dem Wegweiser sieht man einen Turm, und so etwas ist ja immer irgendwie reizvoll. Die knapp zehn Kilometer lange Runde mit ein paar kleinen, aber vernachlässigbaren Steigungen kann man sich allerdings sparen, wenn man nur diesen Turm sehen will. In umgekehrter Richtung gelaufen erreicht man ihn ein paar Minuten schneller.

»Kützberger Warte« heißt der wirklich interessante und geschichtsträchtige Rundturm, der einsam und verlassen auf 340 Höhenmetern steht und selbst nur sechs Meter misst. Irgendwie ist er nur ein kleiner Stumpen, aber vielleicht gerade deshalb sehenswert, wenn auch nicht begehbar. Um das Jahr 1100 herum soll er gebaut worden sein, aber erst 1595 wurde er erstmals irgendwo erwähnt. Damals mit noch ganz vielen »h« als »Kützbahrer Warth Thurm«. Von Geldersheim kommend führte einst eine alte Handelsstraße nach Bad Kissingen. Der Turm diente also dazu, irgendwelche Feinde oder Diebe zu beobachten.

Wer den Rundweg verachtet und nicht so viel laufen möchte, verpasst jedoch weitere Kleinode wie das Bauholzbrünnele, das Hügelgräberfeld oder den Nagelsee. Und da sage noch mal einer, Kützberg wäre nicht erlebenswert. Auch wenn es nur diverse Orte außerhalb des Dorfs sind, das immerhin mit noch zwei Wirtschaften punkten kann.

Adresse 97490 Kützberg | **ÖPNV** Landkreis-Bus 8139 in den Ort | **Anfahrt** Parken im Ort, die Straße »Zur Wart« führt zum Turm | **Tipp** Der Nachbarort Obbach bietet ein Schlossgut, das ein Bio-Landwirtschaftsbetrieb ist für ein nachhaltiges Einkaufen von Lebensmitteln.

26 Die Bismarckhöhe

Das frühere Ausflugsziel Nummer eins

Es war einmal ... und ja: Es ist noch immer. Nur anders als früher halt. Die sogenannte Bismarckhöhe zwischen Schweinfurt und Mainberg bietet einen sensationellen Panoramablick über das Maintal und den sich an dieser Stelle biegenden Fluss. Das ist wie früher schon ein recht beliebtes Ausflugsziel, wenngleich aber noch immer eher ein Geheimtipp.

Wobei sich hier, oberhalb der Weinberge an einem Ort unweit vom Ursprung der Stadt Schweinfurt, einst eine echte Pilgerstätte für die Bürger befand. Eine Gaststätte an der sogenannten Mainleite muss früher *der* Anziehungspunkt der Region gewesen sein. 1913 eröffnete Gastwirt Georg Schleicher sein Lokal, das für die Höhenwanderer von der Peterstirn im Osten Schweinfurts bis nach Mainberg (wo es auch Lokale gab, heute nur noch im Sommer eine Kirchweih und ein Weinfest) und zurück in etwa auf halber Strecke die ideale Einkehrmöglichkeit darstellte.

Rund 15 Jahre später entstand an der Stelle ein neues Gebäude. Selbst nach dem Zweiten Weltkrieg erfreute sich das Lokal großer Beliebtheit. Aber dann kamen die Schweinfurter nach und nach auf die Idee, dank ihrer Autos nun nicht mehr zu wandern oder spazieren zu gehen, sondern ins Umland zu fahren für neue Erlebnisse und neue Einkehren. Dort, wo, wie man immer sagt, die Schnitzel über die Teller ragen, beispielsweise im Steigerwald. Aus der Gaststätte an der Bismarckhöhe wurde damals ein Wohnhaus.

Was geblieben ist: eine Terrasse mit ein paar rustikalen Tischen und Bänken zum Verweilen. Und zum Genießen der herrlichen Aussicht. Nur dass die Besucher nun eben ihren Proviant selbst mitbringen müssen. Fraglos aber könnte hier an dieser Stelle ein Wirtshaus oder gar ein Panoramahotel ein großer Erfolg werden. Denn einen schöneren Blick über das Maintal gibt es in der Region eigentlich nirgendwo. Man sieht sogar Schloss Mainberg. Das freilich ist alles andere als ein Geheimtipp.

Adresse Obere Mainleite 44, 97422 Schweinfurt | **ÖPNV** Am Ludwigsbrunnen zwischen Schweinfurt und Mainberg gibt es eine Bedarfs-Haltestelle für Stadtbusse. | **Anfahrt** Parken am Ortsende von Mainberg oder am Parkplatz Peterstirn in Schweinfurt | **Tipp** Die Waldgaststätte Almrausch in der Nähe lockt mit einem Biergarten und gilt als eines der schönsten kulinarischen Ausflugsziele – ein würdiger Nachfolger der Gaststätte Bismarckhöhe.

27 Das Jagdhaus Dianenlust

Wo einst Förster und Pferde übernachteten

Wer kreuz und quer durch das von den Bayerischen Staatsforsten bewirtschaftete Waldgebiet nordöstlich von Schweinfurt mit seinen vielen Wegen spaziert, muss zwar nicht unbedingt, kann aber irgendwann am Jagdhaus Dianenlust vorbeikommen. Das befindet sich inmitten des Dreiecks zwischen der Stadt und den Orten Mainberg und Üchtelhausen. Es steht auf einer schmalen Lichtung mit einem Wander- oder Radweg drum herum. Mittendrin also. Und dürfte bei den Passanten die Frage aufwerfen, welche Bedeutung dieses Gebäude denn einst hatte oder vielleicht noch immer hat.

Im 19. Jahrhundert diente das Jagdhaus Dianenlust als Außenstation für die regionalen Förster, als die noch auf Pferden unterwegs waren. Unter dem Dach standen die beiden Stockwerke sowohl für Menschen als auch für die Tiere zur Verfügung. Unten befanden sich die Ställe, im oberen Geschoss konnten die Förster sich entweder ausruhen oder sogar übernachten.

Heute ist die Dianenlust irgendwie ein scheinbar grundlos und verloren im Wald übrig gebliebenes Gebäude mit stets geschlossenen grünen Fensterläden, die so wunderbar zum gelben Anstrich passen. An den Seitenwänden bröckelt jedoch der Putz, auch die Eingangstür ist versperrt. Selbst für die nur vorbeiradelnden Touristen und Freizeit-Aktivisten wäre das Haus eine denkbare Station für eine Erfrischung. Doch eine Bewirtung ist leider nicht möglich und auch nicht angedacht.

Außerdem befindet sich kaum einen Kilometer entfernt das beliebte Waldgasthaus Almrösl mit riesigem Biergarten. Direkt an der Dianenlust steht ein Hinweisschild. Erreichbar ist das Almrösl nicht mit dem Auto, sondern nur zu Fuß oder mit dem Rad. Und natürlich rein theoretisch auf Pferden. Wobei auch die im Jagdhaus Dianenlust heutzutage keine Kraft mehr tanken können. Allerdings kommt hier in den seltensten Fällen mal jemand beritten vorbei. Für Wanderer ist die Gegend ein echtes Paradies.

Adresse ohne exakte Adresse zwischen Schweinfurt, Mainberg und Üchtelhausen im Wald | **ÖPNV** Stadtbus 71 nach Mainberg | **Anfahrt** Parkplätze am nördlichen Ortsrand von Mainberg, ab hier ist der Weg beschildert | **Tipp** Der Kaltenhof oberhalb von Mainberg unterstützt gemeinnützig psychisch erkrankte Menschen, veranstaltet monatlich Märkte für Gebrauchtmöbel, -waren, -kleider oder -bücher und öffnet immer mittwochs die Hofstube.

28 Der verfallene Schlosspark

Hier macht nicht nur das Gebäude Sorgen

Im Landkreis Schweinfurt gibt es in Werneck ein eher wenig bekanntes, weil als Krankenhaus genutztes Schloss mit einem dazugehörigen Schlosspark, von dem eigentlich ein jeder etwas erzählen kann, der sich in der Region auskennt. Noch bekannter rein als Gebäude ist das Schloss Mainberg. Doch dass auch das einen angrenzenden Landschaftspark besitzt, dürfte außerhalb der Ortschaft wohl kaum jemand wissen.

Beziehungsweise: Es gab mal einen solchen Schlosspark, nämlich einen gepflegten. Südlich und westlich des Gebäudes, angrenzend an heutige Weinberge in Richtung Schonungen. Während das erstmals 1245 erwähnte Schloss Mainberg ungefähr ab der Jahrtausendwende über die Zeit akut sanierungsbedürftig wurde, erinnert an den einstigen im 19. Jahrhundert angelegten Englischen Landschaftsgarten nur noch in erster Linie das ein oder andere steinerne Monument, darunter ein Brunnen mit einer Figur. Der knieende Mann schaut ein wenig traurig in die verwilderte Umgebung.

»Betreten verboten«, heißt es seitens der Schloss-Eigentümer, wobei sich der Reiz, diesen einstigen »Barockgarten« zu begehen, im aktuellen Zustand freilich auch in Grenzen hält. Von der früheren Sammlung großartiger Sandsteinskulpturen ist nicht mehr viel vorhanden. Während die Menschen im Wernecker Schlosspark willkommen sind und spazieren dürfen, lässt in Mainberg der Blick beim Vorbeilaufen nur noch erahnen, wie schön es an diesem Ort einmal gewesen sein muss.

Doch es gibt einen als gemeinnützig anerkannten Förderverein um den ortsansässigen Historiker Dr. Thomas Horling, der dafür sorgen will, dass Schloss und Park an die Glanzzeiten anknüpfen. Die Sanierung des Gebäudes von Schloss Mainberg wird Millionen Euro verschlingen. Beim Garten davor dürfte die Wiederherstellung der früheren Schönheit weitaus günstiger möglich sein. Man darf gespannt sein, ob sich die Pläne in die Realität umsetzen lassen.

Adresse Ernst-Sachs-Straße 6, 97453 Mainberg | ÖPNV Stadtbus 72 und 79, Haltestelle am Ortseingang | Anfahrt Parken im Ort | Tipp Martins Hotel, Weinstube und Café eröffnete 2021 wenige Meter entfernt in der Grundstraße 7.

29 Die Burg Marktsteinach

Ein Rundturm als Ruine am neuen Gebäude

»Ja, na klar …!« So lautet meist die Reaktion, wenn man jemandem davon erzählt, dass es in Marktsteinach noch Reste einer ehemaligen Burg zu sehen gibt. Und zwar mitten im Dorf, fast direkt an der Hauptstraße Richtung Schonungen oder Löffelsterz. Etwa dort, wo die Straße nach Abersfeld abbiegt. Das zur Gemeinde Schonungen zählende Dorf war einst Heimat der Veste Steynach, von der noch ein paar Ruinen übrig geblieben sind. Konkret: der Rest eines Rundturms und Teile der Ringmauer, die heute Teil der neuzeitlichen Bebauung sind.

Im 15. und 16. Jahrhundert soll die im 12. Jahrhundert entstandene Festung, die einst als Schutzburg mit fünf Wehrtürmen überaus mächtig gewesen sein muss, weitestgehend zerstört worden sein. Die Überbleibsel auf den privaten Grundstücken sind zwar einsehbar, groß besichtigen im Sinne von betreten lässt sich die Ruine jedoch nicht. Trotzdem, und vielleicht gerade deshalb, übt die einstige Veste einen gewissen Reiz aus.

Zusammen mit dem Sportplatz der DJK Marktsteinach, einer kleinen Kapelle oben im Wald und einer Begegnungsstätte »Quelle am Kolben« am Bachlauf der Steinach, die von hier über Schonungen in den Main fließt, bildet die Burgruine unweit eines Sees am Ortsende ein durchaus lohnenswertes Ensemble für einen Besuch im Dorf. Das gehört zur Schweinfurter Rhön, durch eine Allianz der Gemeinden nun als Schweinfurter Oberland bekannt.

Lohnenswert ist von hier aus auch ein Spaziergang in den nordwestlichen Wildenstallgrund. Und wer ein Fan ist von rechteckigen »Lost Places«: Neben der DJK gibt es mit dem FC Bavaria, beheimatet laut Adresse im Schwarzland 15, einen zweiten Verein mit Fußballplatz, längst aber ebenfalls ohne eigene Männer-Mannschaft, von der im kleinen Ort einst zwei existierten. Löblich bei gerade mal rund 700 Einwohnern. Aber auf Dauer nicht aufrechtzuerhalten. Ob auch die Burgherren mal gekickt haben?

Adresse Hauptstraße 19, 97453 Marktsteinach | ÖPNV Landkreis-Bus 8130 in den Ort | Anfahrt Parken an der Straße | Tipp Schräg gegenüber hat das Sportheim der DJK Marktsteinach einen schönen Biergarten und mit dem Akropolis das griechische Gasthaus dazu.

30 Die Michelauer Hügel

Hoch und runter für ein Weinland-Panorama

Den Steigerwald kennen natürlich die Schweinfurter wie auch die Bamberger oder die Würzburger. Landschaftlich reizvoll ist er und mitunter finanziell lohnenswert für Gäste, die noch vergleichsweise gut und günstig einkehren wollen, das sagt man dieser Region nach. Michelau, östlich von Gerolzhofen gelegen und am westlichen Rand des Mittelgebirges, gilt mit seinen insgesamt knapp über 1.000 Einwohnern als äußerst beschaulich, bietet viel Weinbau, das Feriendorf Sudrach und ein Hexenhäuschen im Ortsteil Neuhausen.

Und es taugt sogar zum Bergwandern light und präsentiert für die Touristen gleich drei sanfte Hügel rund um das Dorf. Mit dem dazu passenden Rundweg, der am Rathaus an der Kirche startet. »Dreiorama« ist er benannt, was so viel bedeutet wie: Auf der Strecke von insgesamt zehn Kilometern, für die Wanderer mindestens zweieinhalb, besser sogar drei Stunden an Zeit einplanen sollten, besteht drei Mal die Gelegenheit, ein überaus reizvolles Panorama zu entdecken und zu genießen.

Huttershügel, Eulenberg und Taubenherd heißen die drei Erhebungen, die jeweils ohne die ganz großen Mühen erklommen werden können. Dazwischen führt die Tour einmal nach unten in den Ortsteil Prüßberg (in dem die Michelauer Fußball spielen, die kein eigenes Rasenrechteck im Ort haben) und die anderen beiden Male jeweils nach Michelau selbst. Zwei Einkehrmöglichkeiten gibt es unterwegs im Tal. Oben warten auf die Läufer erst ein Pavillon, dann ein Gipfelkreuz und schließlich ein kleines Wäldchen auf einer Kuppe.

Das alles ist sehr abwechslungsreich und in der Region sicherlich eines der schönsten Ausflugsziele für Aktive, die es mit der Bewegung nicht übertreiben wollen, die danach aber dennoch spüren wollen, dass sie etwas getan haben. Diverse Einkehrmöglichkeiten auch im Umland können die Wanderung natürlich abrunden. Man trinkt in der Gegend übrigens eher Wein als Bier.

Adresse 97513 Michelau im Steigerwald | ÖPNV Landkreis-Bus 9307 bis in den Ort | Anfahrt Parken seitlich der Straßen im Ort | Tipp Die Ferienhaussiedlung Sudrach südlich von Michelau ist ein höchst interessantes Wohngebiet.

31 Brauereisee und Miniberg

Gipfel besteigen, Füße abkühlen

In erster Linie ein Ort zum Leben mit einer ausgedehnten und über die Jahrzehnte in Richtung Norden und Osten gewachsenen Wohnsiedlung ist die Gemeinde Niederwerrn, die direkt im Westen an die Stadt Schweinfurt angrenzt. Rund 8.500 Einwohner zählt man, davon entfallen knapp 2.000 auf den benachbarten Ort Oberwerrn. Durch beide Dörfer fließt die insgesamt knapp 70 Kilometer lange Wern. Das ist kein Schreibfehler, denn der bei Gemünden in den Main mündende Fluss, hier kurz nach der Quelle zwischen Rannungen und Pfersdorf noch eher ein Bach, zählt nur ein »r«, anders als die Orte.

Niederwerrn jedenfalls hat 2008 aus einem ehemaligen See der schon lange nicht mehr existierenden Brauerei zum Stern eine Naherholungsanlage gemacht, die sicherlich eher ein Geheimtipp zu nennen ist. Etwas abseits des nicht richtig attraktiven Altorts wurde ein neuer Brauereisee geschaffen, ein Teich mit einer angegliederten außergewöhnlich großen Kneippanlage. Die lädt natürlich vor allem im Sommer zum Abkühlen der Füße und Beine ein. Hier treffen sich in der warmen Jahreszeit Jung und Alt.

In unmittelbarer Nähe ist in diesem ansonsten sehr flachen Dorf sogar Bergwandern möglich. Nun gut, das mag übertrieben sein. Aber an einem aufgeschütteten, wild bewachsenen, immerhin drei Meter hohen Hügel neben dem See führt spiralförmig ein Weg auf die »Pyramide« genannte Erhebung. Oben angekommen bietet sich ein Ausblick nach unten auf den Teich.

Ein Besuch dieses insgesamt 7.000 Quadratmeter großen Areals neben dem bewaldeten Wernpark ist ideal zum Entschleunigen. Außerdem gibt es noch in unmittelbarer Nachbarschaft eine Burgruine zu entdecken (siehe Ort 32). Ein alter Turm, ein Berg und ein See: Fast möchte man meinen, Niederwerrn liege irgendwo in den Alpen oder den Dolomiten. Und würde sogar als Urlaubsort für einen mehrtägigen Aufenthalt taugen.

Adresse Schweinfurter Straße 44, 97464 Niederwerrn | **ÖPNV** Stadtbus 24 und 25, Haltestelle Schweinfurter Straße | **Anfahrt** Parken am Sportgelände des VfL Niederwerrn | **Tipp** Der Werr'n-Sie-fit-Pfad verbindet mit mehreren Geräten, Stationen und einer Laufstrecke Nieder- und Oberwerrn.

32 Die Ruine der Wiesenburg

Unbekannte Turmreste im Wald

Die westlich gelegene Gemeinde Niederwerrn vor den Toren Schweinfurts gilt nur bedingt als besuchenswertes Ausflugsziel. Es gibt keinen wirklich romantischen Altort, dafür aber im sogenannten Wernpark im Anschluss an das Gelände des Fußballvereins VfL Niederwerrn eine Burgruine, die an dieser Stelle wirklich niemand erwartet und die abseits des Ortes wohl auch die allerwenigsten Menschen kennen.

Burgen stehen ja normalerweise auf Hügeln, solche aber gibt es in und um Niederwerrn gar nicht. Dennoch muss hier mal die Wiesenburg gestanden haben. Mutmaßlich, aufgrund der noch zu sehenden minimalen Ruinen. Übrig geblieben ist zwar nur ein Rest eines runden Turms. Der aber lässt sich ebenerdig sogar betreten, was den Besuch doch ein klein wenig abenteuerlich macht. Leider bröckeln die Steine von den Wänden, die zudem mit unnötigen Graffiti beschmutzt sind. Nicht jeder weiß die Vergangenheit also zu schätzen.

Frühestens 1236 soll diese Wiesenburg erbaut worden sein, hat der Schweinfurter Historiker Gerhard Bach herausgefunden. 1525 muss sie zerstört, danach aber wieder aufgebaut worden sein. Von den Turmruinen führt ein schmaler Weg durch einen wildromantischen, dichten Wald zum Brauereisee (siehe Ort 31). An dieser Stelle würde auch niemand einen Wald vermuten … Und auch nicht unbedingt einen See mit einem Hügel, der jedoch nichts zu tun hat mit der Wiesenburg.

Das alles findet sich keine 100 Meter entfernt vom alten Zentrum Niederwerrns und nicht weit weg von der Bundesstraße 303, die mit viel Lärm an der Gemeinde vorbeiführt. Zumindest hält das den Durchgangsverkehr ein wenig in Grenzen. Niederwerrn westlich von Schweinfurt: Irgendwie ist das halt anscheinend doch ein lohnenswertes Ausflugsziel für Entdecker. Man muss nur wissen, was es zu entdecken gibt und wo. Irgendwie würde sich das Areal bestens eignen für ein mittelalterliches Fest oder ein Wikingerdorf.

Adresse Jahnstraße, 97464 Niederwerrn | ÖPNV Stadtbus 24 und 25, Haltestelle Schweinfurter Straße | Anfahrt Parkplätze am benachbarten Sportplatz des VfL Niederwerrn | Tipp An der Wern entlang Richtung Oberwerrn laufen – das entschleunigt.

33 Der Laubhügel

Ein unbekannter, aber höchster Berg

Der Laubhügel bei Oberlauringen nahe dem zu Sulzdorf im Landkreis Rhön-Grabfeld gehörenden Leinach ist trotz seiner geografischen Zugehörigkeit zu den Haßbergen der höchste Berg im Landkreis Schweinfurt mit 504 Metern über Normalhöhennull. Er übertrifft damit den Zabelstein im südlichen Steigerwald um stolze 15 Meter. Also um in etwa 15 aufeinandergebaute Schneemänner, wenn es denn in der Region mal richtig schneien sollte …

Während der Zabelstein jedoch touristisch mit einem Turm und einer Bratwurstbude und sogar einem Toiletten-Hüttchen genutzt wird, ist der Laubhügel der große Unbekannte unter den regionalen Erhebungen. Obwohl er die Nummer eins im Ranking ist, gibt's hier weder ein Gipfelkreuz noch eine Aussichtsplattform. Bittet man in Oberlauringen oder Leinach die Menschen darum, auf diesen Laubhügel zu deuten, so erntet man meistens ein unwissendes Kopfschütteln. Kurzum: Der kleine Berg genießt seinen Insider-Status.

Freilich führen Pfade auf ihn hinauf. Der fast zwölf Kilometer lange Geologierundweg verläuft über den Gipfel. »Unscheinbarer Hochpunkt, von Bäumen umgeben. Wild und unberührt präsentiert sich der Wald«, schreibt der Tourismusverband 360° aus Stadt und Landkreis Schweinfurt. Für Naturliebhaber ein Traum, für Touristen, die nach Attraktionen suchen, nicht unbedingt ein Muss! Von Birnfeld aus, das zur Marktgemeinde Stadtlauringen gehört, kann man den Laubhügel übrigens halbwegs gut erkennen.

Doch die Umgebung bietet auch Lautes und Außergewöhnliches: Büffel's Biergarten als Treffpunkt für Biker am Ortsende von Oberlauringen beispielsweise oder das Schäferwagenhotel in Leinach, das zudem Baumbetten und Baumhäuser zum Übernachten anbietet. Wer im Eulennest oder der Kauzenhöhle die dunklen Stunden verbringt, wird von dort den Laubhügel mangels Beleuchtung oben nicht sehen. Oder tagsüber auf ihn blicken, ohne zu wissen, dass er es ist …

Adresse Am Plan 1, 97488 Oberlauringen | ÖPNV Landkreis-Bus 8170, 8171, 9112 bis in den Ort | Anfahrt Parken in Oberlauringen (siehe Adresse), wo der Rundweg startet | Tipp Das Barockschloss Birnfeld ist sehenswert. Darin wurde inzwischen ein Seniorenheim untergebracht.

34 Auf Rückerts Spuren

Ein Poetikum, die Pforte und der Rundweg

Ein Museum darf man durchaus auch Poetikum nennen, wenn darin an einen Dichter erinnert wird. Der 1788 in Schweinfurt am Marktplatz geborene und deshalb dort mit einem Denkmal (siehe Ort 79) verewigte Friedrich Rückert gilt als einer der bedeutendsten Sprachgelehrten seiner Zeit. Bekannt sind unter anderem seine Kindertotenlieder: Stolze 428 Gedichte, die er aufgrund seiner beiden eigenen viel zu früh verstorbenen Nachkömmlinge Luise und Ernst schrieb. »Du bist ein Schatten am Tage; Und in der Nacht ein Licht; Du lebst in meiner Klage; Und stirbst im Herzen nicht«, schrieb der Zeilenreimer da unter anderem. Berührende Worte.

Weil sein Vater wiederum Dorfamtsmann in Oberlauringen war, verbrachte Rückert dort im Norden des Landkreises Schweinfurt zehn Jahre seiner Kindheit. In dem kleinen Dorf wurde deshalb 2017 das besagte Rückert-Poetikum eröffnet. Seine schriftlichen Erinnerungen an die Zeit, die er 1829 verfasste, sind das Herzstück einer Ausstellung in einem Gebäude im Osten des Dorfes. Dort gibt es viel zu lesen und zu hören, aber auch außerhalb und um das Haus herum einiges zu entdecken.

Durch Oberlauringen führt zudem der Rückert-Rundweg mit neun verschiedenen Stationen vom Amtmannshaus über den Zusammenfluss der Bäche Leinach und Lauer, wo es dem Poeten gut gefallen haben soll und wo wohl einige seiner Gedichte entstanden, bis hin zu seiner einstigen Schule und dem ehemaligen Schloss. Dessen Eingang wird als Rückert-Pforte bezeichnet, weil der Dichter es über dieses Tor und die Treppen stets betreten haben soll. Gar 143 Kilometer lang und anders als die kleine Dorfrunde freilich nicht an einem Tag zu bewältigen ist der Rückert-Wanderweg von Schweinfurt bis nach Neuses bei Coburg, wo Friedrich Rückert 1866 im Alter von 77 Jahren verstarb. Laut Tourismusverband sollte man 36 Stunden und 30 Minuten für das Begehen des Wanderwegs einplanen …

Adresse Am Plan 1, 97488 Oberlauringen | ÖPNV Landkreis-Bus 8170, 8171, 9112 | Anfahrt Parken direkt davor | Tipp Büffel's Biergarten gleich nebenan ist ein besonderes Wirtshaus, in dem vor allem Biker gern einkehren.

35 Der Naturgarten Reichelshof

Ein Freizeitpark in der Sackgasse

Der 2004 eröffnete »Natur- und Umweltgarten Reichelshof« ist eine höchst außergewöhnliche Einrichtung an einem zudem besonderen Ort, an den die wenigsten Menschen der Region Schweinfurt einfach mal so im Vorbeifahren kommen. Denn Reichelshof ist ein Ortsteil der Gemeinde Schonungen, die sich ansonsten aber komplett nördlich des Mains befindet, während Reichelshof im Süden davon liegt und nur über die Gemeinde Sennfeld nach etwa weiteren eineinhalb Kilometern erreichbar ist und in einer Sackgasse liegt. Eine Brücke als direkte Verbindung von Schonungen nach Reichelshof gibt es nämlich nicht.

Also hat man in dem kleinen Dorf mit der Sennfelder Postleitzahl an sich seine Ruhe, wäre nicht in der Umweltstation immer mal wieder mächtig Betrieb. Die bietet ihren Besuchern verschiedene Biotope, Themengärten wie Kräuter und Asia, einen Sinnes-Parcours, ein Dunkelcafé, ein rollendes Blütenrestaurant, einen Bienen-Erlebnis-Weg, Abenteuerspielplätze mit Tipi, Baumhaus und Weidentunnel, einen Bauernhof-Lernort, Fühlkästen, Riechmännchen, Barfußweg oder die Möglichkeit des pädagogischen Reitens auf Ponys.

Kurzum: allerlei Erlebenswertes und Lehrreiches vor allem für Kids und Jugendliche. Man kann hier locker auch mal einen ganzen Tag verbringen, ohne dass einem langweilig wird. Das gilt aber auch für aktive und interessierte Senioren, die in der Natur tätig sein wollen.

Diese Art der Umweltbildung kommt natürlich an. An einem Tag der offenen Tür ist hier mächtig was los. Mangels größerer Parkplätze sind dann nicht alle Bürger von Reichelshof begeistert über den Zulauf und Autos kreuz und quer. Und dabei darf der »kleine Freizeitpark« im Landkreis Schweinfurt durchaus noch als eine Art Geheimtipp bezeichnet werden. Eben auch aufgrund seiner Lage abseits und neben dem Wasserschutzgebiet sowie den Gemüsefeldern Sennfelds.

Adresse Reichelshof 3, 97526 Sennfeld | **ÖPNV** Stadtbus 81 nach Sennfeld, Ausstieg Am Plan, von da 1,6 Kilometer zu Fuß | **Anfahrt** Parkplätze in geringen Mengen davor vorhanden | **Öffnungszeiten** nach Anmeldung unter Tel. 09721/609496 oder E-Mail: info@umweltstation-reichelshof.de | **Tipp** Östlich der Reichelshofer Straße befindet sich die romantische Schonunger Bucht. Das ist eine Ansammlung von sieben unterschiedlich großen Seen als südwestliche Ausläufer des Mains.

36 Das fränkische Apothekergärtchen

Wo man Arznei in Pflanzen erleben kann

Schwebheim wird als »Mainfränkischer Apothekergarten« bezeichnet. Daher gibt es in der Gemeinde ein Kräutermuseum in den Schlossscheunen, und es riecht irgendwie überall im Ort nach Currykraut oder Thymian, zumindest kommt einem das so vor.

Einen Apothekergarten finden Interessierte beispielsweise auch noch in Schonungen. Gelegen am idyllischen Flüsschen Steinach in den Bachgärten unweit des Rathauses. Hier sind rund 140 einst wild wachsende Arznei- und Duft-, aber auch Tee- und Gemüsepflanzen sowie Gehölze und Stauden in Themenbeeten angepflanzt. Teils sind sie vom Aussterben bedroht. Die Pflanzen beherbergen genau die Wirkstoffe, die heute durch die pharmazeutische Arzneimittelherstellung in den Handel gebracht werden. Der Apothekergarten ist ganzjährig tagsüber geöffnet. Betreten ausdrücklich erlaubt!

Und ein Besuch lässt sich (allerdings nur nach Anmeldung) verbinden mit einer besonders interessanten Einrichtung: das Kleine Apothekenmuseum im Schonunger Nachbarort Mainberg, wo der Inhaber der Apotheke im einstigen alten Rathaus zeigt, wie sich sein Berufsbild in den letzten knapp eineinhalb Jahrhunderten verändert hat.

In drei Epochen ist diese Apothekengeschichte eingeteilt. In der Zeit von der Gründung der Apotheke1870 bis zum Ende des Zweiten Weltkriegs wurden alle Arzneimittel noch von Hand angefertigt. Bis in die 1970er Jahre entwickelte sich die industrialisierte Pharmazie, als auch in Schonungen noch verschiedene Hauspräparate wie Tabletten und Säfte hergestellt wurden. Seitdem dient die Apotheke überwiegend als Lagerplatz der ausgegebenen Medikamente. Gerade für Kinder kann diese Geschichte durchaus interessant sein. Früher war das Museum mal ins Schonunger Apothekengebäude integriert. Da wäre es bei nur 150 Metern Distanz noch etwas einfacher gewesen, es mit einem Besuch im Gärtchen an der Steinach zu verbinden.

Adresse Mainleite 4, 97453 Mainberg (Museum), Bachstraße, 97453 Schonungen (Apothekergarten) | ÖPNV Stadtbus 71 zu beiden Orten | Anfahrt Parken direkt vor der Tür | Öffnungszeiten Museum nach Vereinbarung unter Tel. 09721/7383447 | Tipp Der 2021 errichtete Spielplatz an den Schonunger Bachgärten lockt auch Kids aus anderen Orten an. Es soll einer der aufregendsten des Landkreises sein.

37 Der kleine Kreuzberg

Ohne Kloster auf 354 Meter Höhe

Kreuzberge der berühmteren Art gibt es so einige in Deutschland. Der lebendige, alternative Ortsteil in Berlin oder der fast 1.000 Meter hohe heilige Hügel der Franken mit dem Kloster und der eigenen Brauerei in der Rhön sind vielleicht die bekanntesten. Letzterer liegt wie die zu Hallerndorf in Oberfranken gehörende Einöde mit der Wallfahrtskirche und den Bierkellern gar nicht so weit weg von Schweinfurt.

Keine zehn Kilometer von der Industriestadt entfernt: der Kreuzberg oberhalb von Schonungen, mit 354 Meter Höhe im Maintal eine durchaus beachtliche Erhebung und mit Blick auf selbiges sowie auf die Windräder im benachbarten Forst ein schöner Ort für Blicke in die Weiten der Region. Schonungen gehört wie ein paar weitere, nördlich gelegene Gemeinden zum Schweinfurter Oberland. Hier oben steht ein ziemlich mächtiges Kreuz, zwischen den Bäumen nebenan befindet sich der Schonunger Waldkindergarten. Die Jugend weiß also, wo es schön ist und wo sich ansonsten eher Fuchs und Hase gute Nacht sagen.

Nie steil, aber lange ansteigend geht's nach oben auf diesen Kreuzberg. Allerdings nur dann, wenn man den Wagen am Rande der Wohnsiedlung oder am Naturfreundehaus mit seinem Restaurant und der Aussichtsterrasse abstellt. Wer vom weitaus belebteren Mainradweg im Tal eine Kreuzbergrunde laufen will, sollte schon ein wenig Kondition besitzen und mindestens eineinhalb Stunden einplanen. Oder sogar mehr zum Verweilen am »Gipfel«, zum Genießen der weiten Fernen. Hier oben geht es meist noch beschaulich und ruhig zu, außer ein paar Spaziergängern und eben den Wald-Kids trifft man selten Leute.

Wer vom Dorf die große Runde laufen will, kann dank des 2014 eröffneten Schonunger Bahnhalts auch mit dem Zug von Schweinfurt oder Haßfurt im Osten anreisen. Dann ist's aber kein Spaziergang, sondern eine echte Wanderung auf den Kreuzberg. Auch wenn ganz oben kein Bier ausgeschenkt wird.

Adresse Galgenberg, 97453 Schonungen | ÖPNV Stadtbus 71 nach Schonungen, Haltestelle an der Realschule | Anfahrt A 70, Ausfahrt Schonungen, an Schule und Hallenbad befinden sich zahlreiche Parkplätze | Tipp Warum nicht einkehren im Naturfreundehaus mit Mainblick und Übernachtungsmöglichkeit? Angeblich befindet sich dort einer der besten Griechen der Region.

38 Das Dorf Schwanfeld

Es ist Deutschlands ältestes

Was viele Leute nicht wissen, mutmaßlich sogar die allermeisten (oder allerwenigsten): Im Landkreis Schweinfurt liegt das älteste Dorf ganz Deutschlands. Es heißt Schwanfeld und befindet sich im Südwesten Richtung Würzburg. Und hat mit Schwänen tatsächlich nur wenig bis nichts zu tun.

Urkundlich erwähnt wurde die heutige Gemeinde erstmals 772 (nach Christus), später siedelte sich eine jüdische Gemeinschaft an. Schwanfeld soll vor einigen tausend Jahren (ab 5500 vor Christus) mal die Heimat von sogenannten Bandkeramikern gewesen sein, nach denen ein Museum im Ort mit seinen gerade mal rund 2.000 Einwohnern benannt ist. Es zeigt Funde aus dieser Zeit. Unter anderem von Ausgrabungen ab den 1970er Jahren.

Bis 5300 (vor Christus) soll dieses aus vier Höfen bestehende Dorf existiert haben. Am ersten Siedlungsplatz entdeckten Archäologen das Grab eines etwa 25-jährigen Mannes. Die damalige Holzbautechnik, der Getreideanbau, das Geschirr dieser Zeit oder auch die Mode der frühen Jahre, sprich: die archäologische Kultur des sogenannten Neolithikums (Jungsteinzeit) spielen im 2010 eröffneten zweigeschossigen Museum eine Rolle. Hier kann der Besucher nachvollziehen, wie das Leben in der Steinzeit so gewesen sein könnte. »In verständlicher Sprache und moderner Inszenierung«, heißt es auf der Homepage der Gemeinde Schwanfeld.

Geöffnet hat es überwiegend jeden ersten und dritten Sonntagnachmittag eines Monats. Und wer Schwanfeld schon mal besucht: Der jüdische Friedhof ist wie das in einer Einöde gelegene Kloster Heiligenthal sehenswert. Ebenso das denkmalgeschützte, allerdings lange schon leer stehende Alte Brauhaus und die Zehntscheune. Ein Heimatmuseum kann der Ort ebenfalls bieten. Ein paar historische Gebäude gibt es also noch. Leider aber hat sich die Gastronomie inzwischen aus dem Ort verabschiedet. Wo sind wohl damals die Bandkeramiker eingekehrt?

Adresse Pfarrgasse 4, 97523 Schwanfeld (Bandkeramikmuseum) | ÖPNV Landkreis-Bus 8135 in den Ort | Anfahrt Parken direkt davor | Tipp Eine schöne Runde ist der Windlehrpfad der Gemeinde etwas außerhalb. Er führt unter Rotoren hindurch und liefert interessante Informationen.

39 Im Riedholz bei Schwertlilien

Frauenschuhe in Schlumpfhausen

Im Frühling und Frühsommer spricht es sich immer wieder in »Stille Post«-Manier herum. Ein Geheimtipp für Freunde eher seltener Pflanzen ist ein ganz kleines Waldareal zwischen Grettstadt und Schwebheim, schwer zu finden wie das sagenumwobene Schlumpfhausen. Den Rundweg von vielleicht 70 Meter Länge säumen am Rande der schmalen Pfade außergewöhnliche Exemplare eines Frauenschuhs.

Nein, kein Stiefel aus Leder oder so. Sondern absolut schutzwürdige wilde Orchideen, auch *Cypripedium calceolus* genannt. Was Frauen aber durchaus genauso beeindrucken kann. Bis zu 60 Zentimeter hoch werden die Pflanzen mit ihren beeindruckenden Blüten, die eine Kesselfalle für bedauernswerte Insekten darstellen. Die untere Naturschutzbehörde der Gemeinde Schwebheim hat sogar extra am Eingang des Waldes ein Schild aufgestellt. »Zugang Frauenschuh!«, steht darauf. Obwohl Pflücker und Ausgräber keineswegs willkommen sind (ein Mitnehmen ist sogar ausdrücklich verboten), so möchte man doch zumindest den Neugierigen den Rundgang ermöglichen. Einmal im Jahr, meistens Anfang Mai.

Auch Märzenbecher blühen hier anfangs des Frühjahrs. Der Eingang in den Wald befindet sich abgelegen an einem unteren Ende der sogenannten Pfeifengraswiese. Die erblüht im Mai und manchmal auch noch im Juni meist komplett in Blau durch ein Meer von Sibirischen Schwertlilien. Diese Grettstädter Wiesen und der Riedholz genannte Wald gehören zu einem 120 Hektar großen Naturschutzgebiet, durch das auch der wildromantische Unkenbach verläuft und ein Lehrpfad mit gleich 52 Stationen, der mit Hinweistafeln ausgestattet ist und der über Brücken führt oder ins »Dunkelhieb« mit den alten Eichen. Das ganz kleine Paradies am Ende mit dem Frauenschuh zum Spazieren, Verweilen und Bestaunen aber kennen nur echte Insider und die wahren Freunde dieser *Cypripedium calceolus*.

Adresse Staatsstraße SW 28, 97525 Schwebheim, zwischen Schwebheim und Grettstadt | **ÖPNV** Landkreis-Bus 8160 und 9306 nach Grettstadt | **Anfahrt** kleiner Parkplatz auf der Waldlichtung an der Straße | **Tipp** Zwischen Grettstadt und Gochsheim gibt es den Naturlehrpfad im Oberholz. Der verspricht eine nette und informative Runde.

40 Das Schloss Schwebheim

Man würde es hier nie vermuten …

Das Dorf Schwebheim im Landkreis Schweinfurt, Apothekergärtlein Frankens, kann ja so einiges bieten. Sicherlich sehens- und besuchenswert in der knapp über 4.000 Einwohner zählenden Gemeinde mit dem großen Wald Richtung Schweinfurt und dem Tierheim des Landkreises ist beispielsweise das Bürgerhaus, die außergewöhnliche Auferstehungskirche, das ehemalige Amtshaus oder das von orientalischen Wirtsleuten betriebene Vereinsheim des TSV. Oder der Kirchplatz, der zur Kirchweih sogenannte Plan für die Tanzaufführungen, von dem aus die große, nahezu unbekannte Attraktion nicht weit weg ist: ein Schloss im Osten des Ortes, das man in Schwebheim eigentlich nicht vermuten würde. Weil es weitestgehend unbekannt ist und sich etwas außerhalb befindet, abseits von allem Durchgangsverkehr in der Hauptstraße.

Das ursprüngliche Wasserschloss wurde 1525 im Bauernkrieg zerstört, dann wieder aufgebaut. Doch im Zweiten Weltkrieg erwischte es die Anlage erneut. Heute sind die Gebäude unterschiedlich gut erhalten. Ab dem neuen Jahrtausend restaurierte und sanierte die Eigentümerfamilie weite Teile. Ein Anbau bietet nun drei vermietbare Wohnungen. Der eher etwas verfallene Teil hat für Fotografen jedoch größere Reize. Wer sich über die Homepage anmeldet, darf gern einen Termin ausmachen für eine Bilder-Session. Unter www.schloss-schwebheim.com nehmen die Besitzer auch Ideen für den weiteren privaten Ausbau ihres Anwesens entgegen.

Ansonsten ist das Betreten des Schlosses und seiner Anlagen leider verboten. Doch für ein paar schöne Aufnahmen eignet sich schon der begehbare Bereich vor dem Gebäude, das sich übrigens gleich neben dem Kräutermuseum in den Schlossscheunen befindet, in denen der Ortsgeschichtliche Arbeitskreis Schwebheim e. V. unter anderem eine Pfefferminzstraße, die Baldrianwaschanlage oder eine Kräuterstube zeigt. Würde man an dieser Stelle sicherlich auch nicht vermuten …

Adresse Neue Gasse 1, 97525 Schwebheim | ÖPNV Landkreis-Bus 8137, 8160 in den Ort | Anfahrt Parken am Plan vor dem Rathaus | Öffnungszeiten nur von außen zu besichtigen | Tipp Das Tierheim in Schwebheim, etwas außerhalb gelegen, freut sich über jede finanzielle Unterstützung. Oder über Tierfreunde, die Hunde oder Katzen aufnehmen möchten.

41 Steil rutschen und rodeln

Attraktionen im flachen Schwebheim

Schwebheim gilt aufgrund seines Anbaus von Heilkräutern als das Apothekergärtchen Frankens. Das riecht man an nahezu allen Stellen des Dorfes. Die nördliche Hälfte der rund 4.000 Einwohner zählenden Gemeinde ist umrandet von Wald. Hier wie auch im Süden Schwebheims präsentieren sich der Ort und sein Umland nahezu ebenerdig. Das ist gut für betagte Bürger und deren täglichen Spaziergang. Und Radfahrer brauchen hier keinen Elektromotor. Jogger können genauso wie Walker gemütlich im Wald ihre Runden drehen.

Und dennoch können die ganz jungen Menschen im Winter, sofern es denn schneit, etwas außerhalb am Rande Schwebheims rodeln, also mit dem Schlitten auf Schnee fahren, wenn er denn fällt und liegen bleibt. Und das an einem durchaus beachtlichen Hang mit tauglicher Höhe für eine steile Reise in die Tiefe. Natürlich ist der kleine Berg nicht schon immer da gewesen, sondern künstlich entstanden. Es handelt sich hier um eine Stilllegungsfläche einer ehemaligen Bauschuttdeponie. Und das im Osten des Ortes. Der frühere Bürgermeister Hans Fischer ist ganz stolz auf diese ungewöhnliche Attraktion, die natürlich auch im Sommer attraktiv zum Besteigen ist und einen schönen Ausblick bietet.

Auf der anderen Seite, ganz im Westen, nahe der Bundesstraße 286, haben die Schwebheimer einen gegen den Autolärm aufgeschütteten Erdwall genutzt und eine echte Donnerrutsche auf einem liebevoll angelegten Abenteuerspielplatz mit zudem – trotz drei bestehenden Großfeldern im Dorf – einem kleinen Bolzfeld für die jungen Fußballer. Es dürfte die längste und steilste Rutsche der Region sein, die natürlich einen gravierenden Vorteil bietet: Der Klimawandel kann ihr nichts anhaben. Denn hier kann's eigentlich das gesamte Jahr nach unten gehen. Und wenn's dann wirklich mal winterlich kalt ist und schneit, haben die Schwebheimer ja am anderen Ende des Ortes ihren Hügel zum Schlittenfahren …

Adresse Grettstadter Weg 31 (Rodelhügel) und Am Wall (Rutsche mit Spielplatz), 97525 Schwebheim | **ÖPNV** Landkreis-Bus 8137, 8160 | **Anfahrt** Parken jeweils direkt vor Ort | **Tipp** Das Naturfreundehaus mit Adresse Mühlweg 30 mitten im Wald ist ein beliebtes Ausflugslokal mit guter griechischer Küche.

42 Das alte Bahnhofsgebäude

Hier hielten auch mal die Toten Hosen

Die älteren Schweinfurter erinnern sich noch an die Schreinerei. Also nicht an irgendeine holzverarbeitende Firma. Sondern an *die* Schreinerei, ein einstiges Kulturhaus, ziemlich zentral in der Stadt unweit des sogenannten Obertors (einer der Hauptkreuze) gelegen. Dort stand viel früher wirklich mal eines der vier Stadttore, heute ist es eine viel befahrene und etwas verwirrende Verkehrsschneise, die seitens der Stadt mal entwirrt werden sollte. Weshalb man in den 1990er Jahren vorhatte, die Niederwerrner Straße, an der die Schreinerei lag, auszubauen und das Kulturhaus dafür abzureißen. 1997 war dort also Schluss mit lustig.

Das Gebäude fiel, die schrägen Vögel wie Punker und Rocker fanden aber schnell ein neues Zuhause: im Alten Bahnhof der Stadt, der bis heute zwar als Bahnhalt dient, als Bahnhofsgebäude aber nun beispielsweise den Schweinfurter Rockverband oder die lokale Greenpeace-Gruppe beheimatet. Oder die Suchtprävention. Im Erdgeschoss: ein Lokal und zwei Konzerträume, ein ganz kleiner und ein etwas größerer, beide zu finden im Stattbahnhof, bewusst mit zwei »t« geschrieben. Wer's nicht checkt: Weil nun nicht mehr Gäste auf den Zug warten, sondern stattdessen Musik gespielt und Bier ausgeschenkt wird. Punker und Rocker fühlen sich hier seitdem wohl.

Die Toten Hosen traten in der Örtlichkeit schon mal unter falschem Namen auf. Anders als die Fantastischen Vier, die Anfang der 1990er Jahre wegen einem zu kleinen Saal vor Ort den Auftritt in der alten Schreinerei cancelten. Damals schoss gerade ihr Hit »Die da« in die Charts, und einen Auftrittsraum mit Platz für nur 300 Fans hätte das Interesse gesprengt.

Die Verkehrsausbaupläne am Obertor wurden übrigens nie verwirklicht. Heute steht an der Stelle der Schreinerei ein modernes Wohnheim der Lebenshilfe. Architektonisch durchaus sehenswert! Schön und mit viel Natur: der Fichtelsgarten gleich gegenüber.

Adresse Alte Bahnhofstraße 8–12, 97422 Schweinfurt | ÖPNV Der Zug hält hier noch! | Anfahrt Parkplätze vor der Tür | Öffnungszeiten bei Veranstaltungen | Tipp Gegenüber lädt das Traditions-Restaurant Grüne Gans ein. Es ist eines der ganz alten Schweinfurter Wirtshäuser, die erhalten werden konnten.

43 Die alte Eisbahn

Hier liegt die Wiege der Schnüdel-Fußballer

Wer von Schweinfurt nach Süden der Maxbrücke folgend über den Main fährt, nach der Abzweigung zu den Wehranlagen nach links aber lieber weiter geradeaus auf den Sennfelder Bahnhof zufährt, sieht im Auto sitzend rechts unterhalb der folgenden Ludwigsbrücke nur im Augenwinkel eine scheinbar unbedeutende und zunächst mal wenig auffallende Wiese.

Es lohnt sich aber, mal zu Fuß hier hinabzusteigen (was zunächst am Minigolfplatz und danach Richtung Hutrasen möglich ist). Denn dort befindet sich quasi die Wiege der populärsten Schweinfurter Sportarten, wenn man das so sehen will. Bevor in den 1970er Jahren das anfangs unüberdachte Kunsteisstadion gebaut wurde (der heutige Icedome mit in besten Zeiten über 3.000 Zuschauern bei Eishockeyspielen der Mighty Dogs), liefen die Schweinfurter in erster Linie hier auf Schlittschuhen. Früher war das ja sogar mal auf dem Main möglich. In strengen Wintern, wenn die Fläche zuvor geflutet wurde, kann man noch immer auf Kufen an der Ludwigsbrücke seine Runden drehen. Eine alte und verfallen wirkende Holzbaracke befindet sich auf einer Anhöhe, ein Schild warnt jedoch vor dem Betreten der Eisfläche. Hier gab es auch einmal Toiletten.

Und sogar die Fußballer des FC Schweinfurt 05, die berühmten Schnüdel, hatten hier anfangs ihre Heimat, bevor sie in den 1930er Jahren ins vom Industriellen Willy Sachs gestiftete Stadion umziehen durften, das bis 2021 nach dem Gönner benannt war und das inzwischen nur noch »Sachs-Stadion« heißt als Würdigung der ehemaligen Firma Fichtel & Sachs (heute: ZF Friedrichshafen).

Willy selbst war zu tief in den Nationalsozialismus verstrickt. Das aber erst nach der Zeit, als die Fußballer noch im Bereich an der Ludwigsbrücke kickten und die Zuschauer noch nicht auf Tribünen sitzen konnten. Auf einem in die Jahre gekommenen Areal, das mehr Bedeutung hat, als man beim Besichtigen meinen mag.

Adresse Sennfelder Bahnhof 1, 97424 Schweinfurt, von hier muss man nur über die Straße | ÖPNV Stadtbus 81, Haltestelle Sennfelder Bahnhof | Anfahrt Parken am Sennfelder Bahnhof oder am Bahnengolfzentrum | Tipp Im Bereich des stillgelegten Bahnhofs befindet sich ein Flugsimulator zum gefühlten Abheben.

44 Das alte Fabriktor

Was von der SKF übrig blieb

Als im Winter 2009 die Stadtgalerie Schweinfurt eröffnet wurde, 300 Meter lang, mehrgeschossig und relativ weit von der Fußgängerzone in der Innenstadt entfernt, da lag die industrielle Zeit auf ihrem Areal schon ein paar Jahre zurück. Im Werk 1 der Schwedischen Kugellagerfabrik wurde einst im Drei-Schichten-Betrieb rund um die Uhr gearbeitet.

Die Schrammstraße sah sich freilich aufgewertet mit dem Konsumtempel an der Stelle der alten Fabrik. Das Verwaltungshochhaus von SKF, bekannt durch seine riesigen drei Buchstaben, die nach Untergang der Sonne von der Fensterfront leuchten, wurde erhalten und angrenzend an die Stadtgalerie in den Komplex integriert. Es ist eines der Wahrzeichen Schweinfurts, ein überaus bekanntes und von Weitem schon sichtbares noch dazu.

Doch ein echt historisches Überbleibsel von SKF befindet sich hier trotzdem auch noch. Genau genommen eines von deren zwei. Eines der restaurierten ehemaligen Werkstore steht im Gewerbegebiet Maintal in der Mitte eines Kreisverkehrs. Das andere aber »versteckt« sich ein wenig und ist deshalb nicht so bekannt, weil es parallel zur Gunnar-Wester-Straße, am südwestlichen Ende der Stadtgalerie, noch dazu versetzt vom Gehsteig, dort zum Hindurchmarschieren einlädt, wo die Fußgängerströme nicht unbedingt vorbeiführen.

Zur modernen Außenhülle der Shoppingmall könnte der Kontrast kaum größer sein. Doch wer sich zumindest ein wenig in die Zeit zurückversetzen will, als hier noch in Werkshallen unter anderem Kugellager hergestellt wurden und auch nachts Maschinen und Fließbänder nicht stillstanden, sollte einmal abseits der drei großen Eingänge der Galerie vorbeischauen. Und durch das alte Fabriktor schlendern, das einen weit kürzeren Weg zurücklegte als das zweite im Maintal. Der Transport dorthin über rund fünf Kilometer war aufgrund des Gewichts eine große logistische Aufgabe.

Adresse Gunnar-Wester-Straße 10, 97421 Schweinfurt | ÖPNV Zu Fuß sind es 500 Meter vom Busbahnhof Roßmarkt und 200 Meter vom Bahnhalt Mitte. | Anfahrt Parkhaus der Stadtgalerie | Tipp Wer schon mal hier ist, kann auch gleich shoppen gehen. Auch wenn die Stadtgalerie im 13. Jahr nach der Eröffnung mehr denn je mit Leerstand zu kämpfen hat. Doch Imbissstände gibt's dort zur Genüge.

45__Die alte Mainbastion

Cocktails am Stadtstrand in alten Gemäuern

Einen Stadtstrand hat mittlerweile zumindest eine jede Metropole, auch viele kleinere Städtchen bieten ihren (überwiegend jüngeren) Bürgern gern den Sommer über zentral einen Platz am Wasser und am Fluss, vor allem wenn der ansonsten nicht so einfach zugänglich ist. In Schweinfurt zum Beispiel besteht ja das Problem, dass Baden im Main so leicht nicht möglich (und zudem gefährlich) ist.

Der Stadtstrand erlaubt freilich auch keinen Zugang zum Wasser, doch er liegt an der Stelle, wo der eher dünn fließende Marienbach, der rund zehn Kilometer entfernt nördlich von Hambach entspringt, in den Main mündet. In den lassen sich durchaus mal die Barfüße bei großer Hitze hineinhalten. Wasser befindet sich in der Umgebung also zur Genüge. Doch die Besucher begehren von Ostern bis Herbst eher Cocktails zum Chillen. Und das an einem besonderen Ort direkt am Main-Radweg, der trotzdem gar nicht unbedingt auffällt für aus Bamberg oder Würzburg kommende Aktiv-Touristen, aufgrund der Mauern, die ihn zum Radweg hin abschirmen.

Das frühere Wohngebäude fällt von außen kaum auf. Es handelt sich um eine einstige Mainbastion, eine Abwehrstation, in der die Stadt beim Abtragen unterirdische Gewölbekeller entdeckt hat. Das war eine schöne Überraschung! Es wurde ein idealer, sich nach Süden zum Main öffnender Ort zum Aufschütten mit Sand und zum Feiern mit Freunden. Ein echter Stadtstrand. Paare können sich hier sogar trauen lassen und zum schönsten Tag des Lebens einen Sektempfang buchen. Was natürlich auch mit Cocktails machbar ist.

Sehenswert übrigens und sichtbar vom ersten Stock des Stadtstrands: der an der Einmündung des Marienbachs in den Main errichtete Greiferkran der 1993 geschlossenen Sand- und Kiesbaggerei Blum & Co. als technisches Denkmal. Gleich daneben befindet sich die Schweinfurter Jugendherberge. Und dazwischen hat die Johanniter Unfall-Hilfe ihren Sitz. Falls jemand mal ein paar Cocktails zu viel schlürft …

Adresse Am Unteren Marienbach 14, 97421 Schweinfurt | **ÖPNV** fußläufig von Innenstadt oder altem Bahnhof schnell erreichbar | **Anfahrt** Parkhaus im Museum Georg Schäfer | **Öffnungszeiten** im Sommer täglich | **Tipp** Das Museum Georg Schäfer (mit einem Café) bietet den Kontrast zum Cocktail. In Sachen Kultur hat es Schweinfurt auf ein anderes Level gehoben.

46 Die alte Markthalle

Einzig das außergewöhnliche Dach blieb

Als nach einem Umbau ein Kaufhaus überwiegend für Dekorations-, Haushalts- und Geschenkartikel einzog und mit den Eigentümern einen Vertrag über gleich 15 Jahre abschloss, da waren einerseits die Vermieter wegen der Planungssicherheit froh. Die Schweinfurter jubelten aber nicht unbedingt grenzenlos. Zwischen Wichtermann-Platz, Keßlergasse und Langer Zehntstraße inmitten der Fußgängerzone ging zuvor nach rund zehn Jahren im neuen Jahrtausend eine kleine, aber feine Ära zu Ende.

Zentraler hätte eine Schweinfurter Markthalle ja gar nicht liegen können. Sie war mit diversen Angeboten überwiegend aus dem Bereich Essen und Trinken ein schöner und beliebter Treffpunkt zu jeder Jahreszeit. Im heißen Sommer halbwegs kühl trotz der Fenster-Konstruktion am Dach, im Winter wärmend und bei Regen trocken. Die Männer trafen sich biertrinkend bei einem Pub, der Metzger hatte neben seinen Waren auch heiße Speisen als Imbiss parat, es gab Fisch und Blumen. Alles war so, wie es in einer Markthalle halt sein muss.

Das Ende leitete sicherlich auch die Stadtgalerie am anderen Ende der City und abseits der Fußgängerzone ein. Seit 2009 gibt es dort nebeneinander Bäckereien, Imbissbetriebe, italienische und asiatische Speisen. Und das mit einem noch weitaus größeren Angebot als in der Markthalle. Vor allem das jüngere Publikum wanderte damals ab. Die Eigentümer dachten lange über ein neues Konzept nach, entschieden sich dann aber für einen Interessenten mit einem komplett anderen Geschäftszweig abseits von leckeren Speisen.

Einzig der Blick auf das fensterreiche Dach und der kreisrunde Hauptraum erinnern noch an die Zeit, als sich die Schweinfurter, die schon wenige Jahre später ihre Markthalle zunehmend vermissten, hier zum Anstoßen trafen. Einen Blick auf dieses Dach werfen kann man am besten aus dem Treppenhaus des benachbarten Gebäudes mit der Adresse Georg-Wichtermann-Platz 8.

Adresse Keßlergasse 15, 97421 Schweinfurt | ÖPNV Vom Busbahnhof sind es drei Minuten zu Fuß. | Anfahrt Parkgarage unter dem Wichtermann-Platz | Tipp Claudias Schokowelt Exklusiv in der Keßlergasse 6 ist ein Paradies für Schleckermäuler. Und ein Beispiel dafür, dass inhabergeführte Geschäfte in der heutigen Zeit der Filialen durchaus überleben können.

47__Der Auenwald

Idylle wenige Meter neben der Innenstadt

Gerade mal 700 Meter sind es zu Fuß vom Schweinfurter Marktplatz und dem Zentrum der Innenstadt in die sogenannten Wehranlagen. Was ein bisschen wie die Vermeidung eines Krieges klingt, sind in Wirklichkeit wunderschöne Grünflächen, Natur, Ruhe und Erholung südlich des Mains, den man auf dem Weg vom Rathaus hierher über die viel befahrene Maxbrücke überqueren muss.

Die Wehr hat einen markanten Springbrunnen mit viel Rasenflächen ringsum, gegenüber dem Platz mit Geräten zum Austoben. Beides wird gerade im Sommer bestens frequentiert. Und deshalb geht es laut zu. Wer von hier ein paar Meter weiter in östliche Richtung läuft, landet relativ schnell im Auenwald. Und der bietet nochmals kaum 500 Meter weiter städtische Naherholung nicht weit von dicht befahrenen Ringstraßen rund um die und in der Stadt. Bis nach dem Zweiten Weltkrieg gab es an dieser Stelle einen Tiergarten.

Schon im März und April findet man hier zentnerweise Bärlauch, beim Pflücken stört höchstens mal ein Jogger auf der offiziellen Laufstrecke, die knapp vier Kilometer lang ist. Abseits des Hauptweges führen zahlreiche weitere, kleinere, verschlungene Pfade in den besagten Auenwald. Vorsicht: Ein Verlaufen ist hier möglich. Allerdings hat der Tourismusverband einen sogenannten »Auenwald-Achter«, einen Rundweg mit Beschilderung, konzipiert. Auf dem ist ein lustiger Frosch über einer Schleife zu sehen, einer quer liegenden »8«. Wer sich daran orientiert, findet später auch wieder aus dem Wald heraus.

Wo der Altmain diverse Seitenarme zeigt und wo sich die Sennfelder Seenplatte anschließt, sind in dem Gebiet, in dem das Trinkwasser für die Schweinfurter gewonnen wird, also viele Spaziergänge möglich. Es ist ein grandioser Rückzugsort, und das eigentlich fast in der Innenstadt. Man muss nur die Lust zum Entdecken aufbringen und darf nicht am Spielplatz hängen bleiben.

Adresse Im I. Wehr, 97424 Schweinfurt | **ÖPNV** Stadtbus 81, 82 oder 83, Ausstieg Wehranlagen | **Anfahrt** Parken in den Wehranlagen | **Tipp** Die Sport- und Freizeitanlage Sennfeld war früher mal das Betriebssportgelände der Firma SKF. Das Areal fasziniert noch immer durch Größe und viel Natur.

48 Der Berliner Platz

Ein Hauch von Hauptstadt dank Bär

Nun gilt der Schweinfurter Stadtteil Bergl nicht unbedingt als außerordentlich besuchswert, es sei denn, man hat dort Verwandte oder Bekannte oder ein dringendes Anliegen. Das einstige Arbeiterviertel mit seinen über 5.000 Einwohnern ist eher bewohnt von der schwächeren Bevölkerung, was das Einkommen betrifft, weist einen hohen Anteil an Migranten auf und beheimatet auch die Schweinfurter Tafel, bei der Bedürftige überaus günstig einkaufen können. Kulturelle Einrichtungen gibt es hier eher weniger, Sehenswürdigkeiten sind eigentlich Mangelware.

Das Bergl wurde erst ab den 1950er Jahren und nach dem Zweiten Weltkrieg so richtig bebaut, vorher war das knapp einen Quadratkilometer große Areal weitestgehend unbewohnt und wurde landwirtschaftlich genutzt. Heute ist es erkennbar ein nahezu reines Wohngebiet mit einem Zentrum, das zumindest ein klein wenig Hauptstadt-Flair versprüht: Denn inmitten des Bergls befindet sich der Berliner Platz.

In eine Auflistung der 30 schönsten Örtlichkeiten der Stadt Schweinfurt oder der besuchswertesten Stellen würde der Fleck inmitten des Kiezes zwar mutmaßlich keine Aufnahme erfahren. Dafür bietet die gepflasterte Piazza einfach zu wenig Gründe für einen Aufenthalt. Außer dass die Kids hier auf wenigen verkehrsberuhigten Quadratmetern von Autos ungestört mit dem (Drei-) Rad fahren oder generell spielen können. Ab und zu wird hier auch mal ein kleines Fest veranstaltet. Beispielsweise die Bergl-Kirchweih jeweils im Hochsommer.

Sehenswert macht den Ort aber immerhin ein Kunstwerk: Ein steinerner, auf zwei Beinen stehender Bär auf einem Sockel schaut quer über den »Barliner« Platz und direkt auf eine Bäckerei, die an diesem Standort Backwaren vom Vortag anbietet. Auch wenn der Bezug zu Berlin hier eigentlich fehlt: Das Wappentier der bundesdeutschen Hauptstadt muss am Ort zumindest nicht mit den Schweinfurter Schweinen konkurrieren.

Adresse Berliner Platz, 97424 Schweinfurt | ÖPNV Stadtbus 11 und 13 | Anfahrt Parken am Ort | Tipp Die Gaststätte Odeon am Berliner Platz ist noch ein Wirtshaus vom alten Schlag. Hier ist die Zeit anscheinend stehen geblieben.

49__Die blaue Kirche

Erstrahlt an dieser Stelle der Heilige Geist?

Schon bei Tageslicht ist sie durchaus ansehnlich, die römisch-katholische Pfarrkirche Heilig Geist unweit der Schweinfurter Fußgängerzone mit der offiziellen Adresse Anton-Niedermeier-Platz 1 (benannt nach dem Restaurator und Kirchenmaler, der einst Decken- und Wandfresken gestaltete). Sie soll als Nachbau des Speyerer Doms entstanden sein.

Auch wenn dieser im Bundesland Rheinland-Pfalz vier Türme aufweist, das Double im bayerischen Unterfranken nur deren einen. Halt, es gibt noch einen zweiten hinteren. Doch der vordere ist derart dominant und ziemlich mächtig und überstrahlt das Areal im Süden der Schweinfurter Innenstadt. Heilig Geist überstand den Zweiten Weltkrieg unbeschadet und gilt daher als eines von nicht unbedingt sonderlich vielen erhaltenen und schönen Gebäuden im damals stark zerbombten Schweinfurt.

Im Zuge der Illuminierung diverser Bauten beschlossen die Stadtväter einst, diese Kirche – oder besser: den Turm – zu dunklen Zeiten in einem Blau anzustrahlen. Was eine ganz besondere Stimmung erzeugt. Wer tagsüber von der Stadtgalerie zum Rathaus läuft oder in umgekehrter Richtung unterwegs ist, kann bei einem strengen Blick nach vorne die etwas versetzt erbaute Pfarrkirche Heilig Geist durchaus auch mal leicht übersehen. Nach Sonnenuntergang freilich ist das aufgrund des gezielten Lichtes nicht mehr möglich.

Beeindruckend zeigt sich die Frontseite mit dem Haupteingang. Gegenüber, auf der anderen Seite der dicht befahrenen Schultesstraße, lohnt sich zudem ein Rundgang über den Alten Friedhof mit den beiden scheinbar bewachenden Löwen im Eingangsbereich. Sehenswert in der heutigen Grünanlage ist der »Jungfernkuss« genannte Wehrturm. Hier sollten Besucher aber dann doch besser im Hellen vorbeischauen. Auch wenn zu dieser Tageszeit der Heilige Geist gegenüber noch nicht in dem so auffälligen Blau erstrahlt. Denn es besteht Stolpergefahr!

Adresse Anton-Niedermeier-Platz 1, 97421 Schweinfurt | **ÖPNV** Vom Busbahnhof sind es zu Fuß 200 Meter. | **Anfahrt** Parkplätze ausreichend vorhanden | **Tipp** Zum Mainufer ist es von hier aus gar nicht weit. Gerade die Gutermann-Promenade, zudem dank Molle, Stadtstrand und Vielharmonie mit drei Biergärten gesegnet, eignet sich zur kulinarischen Einkehr.

50 Der Blaue Klaus

Das einst höchste Wohnhaus Deutschlands

Es gab in Schweinfurt mal einen älteren, oft durch die Stadt laufenden Mann mit langem grauen Bart. Weil er meistens einen blauen Arbeiteranzug trug, dachte man sich für ihn, ohne seinen Vornamen zu wissen, den Namen »Der Blaue Klaus« aus.

Irgendwie schwappte das über auf das höchste Haus der Stadt, das diese gängige Bezeichnung bekam, warum auch immer. Im Stadtteil Steinberg, direkt neben dem heutigen Wildpark gelegen, befindet sich das wohl markanteste Gebäude Schweinfurts. Ein (natürlich blaues) Wohnhochhaus mit 25 Geschossen und gemessenen 73 Metern an Höhe.

Für die Einheimischen ist es nicht mehr wegzudenken und eigentlich nichts Besonderes. Anders sah das bei der Entstehung aus. Als es 1964 gebaut wurde, damals mit Werkswohnungen für die Mitarbeiter der Schwedischen Kugellagerfabriken (SKF), war es sogar das höchste Wohnhaus in Deutschland überhaupt. Noch heute ist es in Unterfranken die Nummer eins. 121 bis zu 100 Quadratmeter große (inzwischen Eigentums-)Wohnungen befinden sich in dem Koloss.

Man muss es wohl nicht erwähnen: Von den oberen Stockwerken aus kann man bis in die Rhön und in den Steigerwald blicken. Allerdings sollten Bewohner gerade in den nur mit Aufzug leicht erreichbaren Etagen möglichst frei von Höhenangst sein. Doch wer befürchtet, er/sie könne mal durch einen ausfallenden Lift auf einer Ebene stecken bleiben: Keine Sorge, es wurden gleich drei dieser elektronischen Beförderungshilfen eingebaut. Vorsichtshalber halt. Wobei ein Stromausfall wohl alle drei flachlegen würde …

Ein Treppenhaus gibt es natürlich auch. Wer bereit ist, beim Hochlaufen vom Erdgeschoss bis in die oberste Etage die Stufen zu zählen, wird danach mit der Aussicht belohnt, aber auch komplett außer Atem sein. Ob der längst verstorbene Blaue Klaus, also der Mann mit dem Bart, das Gebäude überhaupt einmal betrat, ist nicht überliefert.

Adresse Harald-Hamberg-Straße 60, 97422 Schweinfurt | ÖPNV Stadtbus 51, Ausstieg am Wildpark | Anfahrt Parkplätze am Wildpark | Tipp Wer hoch hinauswill: Rund 500 Meter entfernt befindet sich die 2015 eröffnete Kletterhalle des Deutschen Alpen-Vereins. Knapp 200 Quadratmeter Kletterfläche stehen den Sportlern zur Verfügung.

51 Die Brauerei Roth

Hier gibt's vieles, nur kein Rotbier

Zehn weitere Brauereien muss es früher mal im Schweinfurter Stadtgebiet gegeben haben. Überwiegend kleine, so gut wie alle inzwischen verschwunden. Als 2015 das finanzielle Aus für das große Brauhaus am Gottesberg (so die Adresse) kam, war die Brauerei Roth plötzlich die einzig verbliebene Schweinfurts. Nur die Familie Borst hielt und hält in einer 53.000 Einwohner zählenden Stadt die Tradition des Bierbrauens noch aufrecht.

Doch auch wenn der durchaus markante weiße Schriftzug auf dem passend zum Namen roten Untergrund höchst auffällig wirkt, so weiß längst nicht ein jeder Schweinfurter, wo sich das Brauereigelände befindet: Nämlich in einer Gasse etwas abseits der Innenstadt zwischen Fichtelgarten, Obertor, Motherwellpark und Kornmarkt unweit der Alten Stadtmauer am Oberen Wall und eben genau dort, wo man als Schweinfurter und erst recht als Tourist eigentlich nie vorbeikommt, weil man nicht muss.

Pils, Helles, Märzen und Weißbier sind die Hauptsorten, vor vielen Jahren kam das Trendbier Roth Runner dazu. Mit ihren Namen spielten die Borsts damals erstmals. Leider aber brauen sie zwar ein Schwarzbier, nicht aber, was doch nur logisch wäre, ein Rot(h)bier, wie man es überwiegend aus dem Nürnberger Raum kennen mag.

In Stadt- und Landkreis Schweinfurt haben nach dem Brauhaus-Aus und dem Aus der Brauerei aus Werneck im Jahr 2020 die fränkischen Mitbewerber Kauzen (Ochsenfurt), Göller (Zeil am Main) oder Mönchshof (Kulmbach) viele Gaststätten übernommen. Doch ein echter Schweinfurter schwört natürlich seiner Brauerei Roth die Treue und spaziert immer mal wieder durch die Gassen mit dem leuchtend roten Logo. Und konsumiert natürlich! das (für die Schweinfurter ohnehin schon immer beste) Bier, was zu den Hochzeiten des Festivals Honky Tonk am meisten Spaß machte, als der Innenhof der Brauerei zum Open-Air-Gelände mit zumeist Hardrock-Musik wurde.

Adresse Obere Straße 24, 97421 Schweinfurt | **ÖPNV** Stadtbus 41, Haltestelle Kornmarkt | **Anfahrt** Parkplätze am benachbarten Kornmarkt | **Tipp** In der Oberen Straße 24 gibt's zumindest einen Brauereigasthof Zum Roth. Das ist laut Adresse auch der Firmensitz der Brauerei, die sich jedoch etwas oberhalb am Oberen Wall befindet.

52 Der Brauhaus-Turm

Jugendstil prägte die lange Biertradition

2015 meldete das Brauhaus Schweinfurt zum Bedauern ganz vieler Bierfreunde Insolvenz an. Damit endete eine Geschichte, die 1858 so stolz begann. Damals mit einer Braustätte noch am Marktplatz inmitten der Stadt. Nach der Jahrhundertwende wurde am Klingenbrunn etwas abseits des Zentrums gebaut und dann gebraut, bis zuletzt in riesigen Gebäuden mit einem Jugendstilgebäude, dem sich nach und nach weitere Bauten anschlossen.

Schräg gegenüber fand in einem Hof der zum Brauhaus gehörenden Lagerstätten die jährliche Klingenbrunn-Kirchweih statt. Ein legendäres Fest, das zu den finalen Zeiten der Brauerei bereits in den Hof vor dem Jugendstilbau verlegt werden musste, weil in der anderen Straße inzwischen Wohnraum geschaffen wurde mit einem Häuserkomplex, wo früher die Bierfässer standen.

2015 dann das Brauhaus-Aus, was so richtig niemand begreifen konnte, weil es in einer Arbeiterstadt wie Schweinfurt mit über 50.000 Einwohnern doch eigentlich genügend Biertrinker geben müsste, um finanzielle Nöte zu vermeiden. Es hat nicht sollen sein. Seitdem stehen die Gebäude leer, wird der Hof für bezahlten Parkraum genutzt. Ein Großteil des Areals ist für ein untervermietetes Verbleiben an so guter Stelle nahe der Innenstadt eigentlich zu wertvoll, also dürfte ein Abriss nur eine Frage der Zeit sein.

Was aber nicht für den Jugendstilbau gilt. Eines der markantesten Gebäude Schweinfurts, über Jahre auf den Brauhaus-Etiketten bei Biergenuss ein ständiger Begleiter, wird sicherlich die Pläne möglicher Investoren überleben und im neuen Umfeld im alten Glanz seinen Platz erhalten können. Wenngleich vor ihm wohl keine Feste früheren Ausmaßes mehr gefeiert werden dürften. Und das ist schade. Auch wenn sich die Schweinfurter längst an andere Biere gewöhnt haben, ja gewöhnen mussten. Die kommen nun zum Ausschank, wenn einmal im Jahr im Juli die Klingenbrunn-Kirchweih stattfindet.

Adresse Klingenbrunnstraße 22–26, 97422 Schweinfurt | ÖPNV mit dem Stadtbus Richtung Silvana, Ausstieg Klingenbrunn | Anfahrt am Parkplatz des SC 1900 Schweinfurt Am Gottesberg | Tipp Das Brauhaus am Markt zum Einkehren gibt es noch, wenngleich nun mit anderem Bier …

53 Das Bunkermuseum

Erinnerungen an die Bomben auf Schweinfurt

Will man freiwillig einen Bunker betreten? Eigentlich sind die diversen noch erhaltenen in Schweinfurt eher ein Mahnmal. Und weitestgehend ungenutzt oder unnutzbar, nachdem sie im Zweiten Weltkrieg die Bürger geschützt haben vor den ach so vielen Bomben. Bis zu 1.800 Menschen sollen sich mal in diesem einen und speziellen Hochbunker aufgehalten haben. Das fensterlose Gebäude in der Ernst-Sachs-Straße, in der die Großindustrie zu Hause ist, kauften 2014 die Privatleute Petra und Nils Brennecke.

Eigentlich planten sie eine Wohnung auf dem Dach. Doch dann wurde aus dem Vorhaben das Deutsche Bunkermuseum mit einer immer weiter wachsenden Sammlung von Erinnerungen an den Krieg. Die auch den sogenannten »Kalten Krieg« umfasst. Die Teilung Deutschlands in Ost und West wird auf den insgesamt sechs Stockwerken ebenfalls thematisiert. Sogar mit einem original Teil des einstigen Grenzzauns. Den kann in Schweinfurt nun ganz leicht überklettern, wer denn will …

Interessenten können rund 90-minütige Gruppenführungen buchen. Und sollten sich dick anziehen, denn selbst im Sommer sind es drinnen kaum viel mehr als wenige Plusgrade. Was an den bis zu drei Meter dicken Wänden liegt. Ein bisschen hartgesotten sollten Besucher freilich auch sein, was die visuellen Eindrücke betrifft. Denn außer beispielsweise einer Bombe (freilich entschärft) zeigen die Brenneckes und ihre ehrenamtlichen Mitstreiter diverse Kriegsszenen in Form von Bildern auf Informationstafeln und in den kleinen Räumen realistisch mit Figuren die Begebenheiten damals.

Wer sieht, wie eng die Menschenmassen damals hausen mussten, wie die sanitären Verhältnisse waren und vor allem die klimatischen Bedingungen, wird sich nach dauerhaftem Frieden sehnen. Der 20 Meter hohe Bunker, der nur nach Anmeldung öffnet, ist sicherlich eine der großen Schweinfurter Sehenswürdigkeiten. Groß im wahrsten Sinne des Wortes.

Adresse Ernst-Sachs-Straße 73, 97424 Schweinfurt | ÖPNV Stadtbus 91, Haltestelle Ernst-Sachs-Straße | Anfahrt Parken in den Seitenstraßen | Öffnungszeiten nach Absprache unter Tel. 0172/6524537 | Tipp Gegenüber zeigt die ZF Friedrichshafen AG eine Ausstellung über die Geschichte des Unternehmens Fichtel & Sachs. Auch die ist sehenswert.

54 Die Burg Schweinstein

Tierische Festung mit ungutem Geruch

Burgen haben ja immer etwas Anziehendes: alte Gemäuer, teils verfallen, meistens mit einem Turm, fast immer auf Anhöhen stehend. Das sind schöne Ausflugsziele und tolle Fotomotive. Wer in Führern oder auf einschlägigen Internetseiten nach einer »Burg Schweinstein« in oder um Schweinfurt sucht, wird diesbezüglich aber wohl nicht fündig.

Natürlich würde der Name bestens zu Schweinfurt passen. Nach einem historischen Gemäuer aber sucht man damit vergeblich. Die Burg gibt es dennoch. Sie befindet sich ein klein wenig versteckt und etwas abseits am Rande der Hauptwege im Schweinfurter Wildpark, der selbst zwar alles andere als ein Geheimtipp ist, den aber die wenigsten Leute im Zusammenhang mit einer Burg kennen. Die wurde ja auch erst in diesem 21. Jahrhundert gebaut, ist aus Holz und trägt das Motto »leben stadt wohnen« als Aufschrift, weil gesponsert von einem lokalen Wohnungsbau-Unternehmen, das sich diesen Slogans angenommen hat.

Die Burg Schweinstein besteht genau genommen nur aus zwei Türmen sowie einer Verbindungsbrücke. Die den sehr wohl noch vorhandenden Bewohnern jeweils als Aussichtsplattform dienen. Die leben aber nicht in, sondern unter dem Bauwerk. Und sie haben auch keine Ritterrüstungen oder Ähnliches an. Auf der einen Seite sind hier die Ziegen eines Streichelzoos zu Hause, ab und an mal miteinander kämpfend, so wie Burgbewohner das ja gut können müssen.

Die direkt unterhalb der Burg Schweinstein beheimateten Wildschweine sorgen für die Namensgebung. Und für nicht unbedingt die allerbesten Gerüche. Daher gilt: Besser Abstand halten! Ein paar Meter weiter befindet sich ein echter Bauernhof, und nicht weit entfernt sind Ziegen aus dem Wallis beheimatet, Esel in einem seit 2022 ganz neuen Haus oder diverses Federvieh in der Vogelstadt Beopolis. Eine echte Burg können aber nur die Schweinfurter Wildschweine ihr Zuhause nennen.

Adresse Albin-Kitzinger-Straße, 97422 Schweinfurt | **ÖPNV** Der Stadtbus 51 fährt bis zum Eingang des Wildparks. | **Anfahrt** Parkplätze ausreichend vorhanden | **Öffnungszeiten** tagsüber | **Tipp** Die Gaststätte des TV Jahn Schweinfurt grenzt mit ihrem riesigen Biergarten an. Eine Einkehr lässt sich also ideal mit einem Besuch des Wildparks verbinden. Und am Sonntag kann man dort meistens auch Fußballspiele sehen.

55 Der Einmannbunker

Schutz vor Bombensplittern mit drei Luken

Die Vorstellung dürfte den meisten Menschen Gänsehaut und Angstzustände bereiten. Man versetze sich in den Krieg: Bombenangriffe, man muss sich verstecken. Allein das ist ein Alptraum. Aber dann auch noch ganz allein in der Einsamkeit in einem Einmannbunker Schutz suchen? In Schweinfurt gibt es so eine Einrichtung. Mitten im Auenwald der hinteren Wehranlagen, etwas abseits der beliebten Joggingstrecke kurz vor einer Unterkunftshütte.

In Schutzkeller und 13 gebaute Hochbunker flohen die Schweinfurter während des Zweiten Weltkrieges, als die Alliierten immer wieder Luftangriffe flogen. Die zu großen Teilen zerstörte Stadt war wegen ihrer Wälzlagerproduktion ein wichtiger Standort der Kriegsindustrie. Vor den Bomben konnte man aber auch in kleineren Räumen in relativer Sicherheit sein.

Der Bunker in der Wehr stand dem Wächter des nahe gelegenen Wasserwerkes zur Verfügung oder besser: demjenigen, der die vielen Brunnen in diesem heutigen Wasserschutzgebiet kontrollierte. Erklangen die Sirenen, dann hieß es für den Mitarbeiter: Ab in Deckung, auch wenn diese »Zelle« nur vor Splittern hätte schützen können.

Immerhin ist der Betonzylinder viereinhalb Tonnen schwer. Er hat drei Sichtschlitze für eine Beobachtung der gesamten Gegend. Als man ihn in Schweinfurt in seiner einstigen Funktion wieder entdeckte, war seine Einstiegsluke verschweißt und der Bunker mit Graffiti beschmiert. Inzwischen ist er gereinigt und ein wichtiges, wenngleich eher unbekanntes Mahnmal gegen das Vergessen.

Eigentlich wollte ihn Nils Brennecke zu sich in das Deutsche Bunkermuseum (siehe Ort 53) holen. Doch die Stadt Schweinfurt hatte etwas dagegen. Nun steht er weiter an seiner ursprünglichen Stelle und ist gar nicht so leicht zu finden in einer Waldgegend, die auch für ihren vielen Bärlauch im März und April bekannt ist. Immerhin bekam der Einmannbunker inzwischen eine Informationstafel.

Adresse im Wald nahe Im I. Wehr 8, 97424 Schweinfurt | ÖPNV Stadtbus 61, Haltestelle Wehranlagen | Anfahrt Parken am Platz vor der Joggingstrecke in den Wehranlagen, von dort ein Kilometer zu Fuß | Tipp Die Pizzeria Sul Meno bietet eine Sonnenterrasse mit Blick auf den Main. Und ziemlich leckere Nudelgerichte …

56 Das einsame Rathaus 2

Beim Anbau hatten die Romantiker Urlaub …

Wenn man sich umhört, ob die im Zweiten Weltkrieg mächtig zerstörte Kugellagerstadt Schweinfurt irgendwelche romantischen Ecken zu bieten hat, dann hört man oft die Namen »Zürch« oder »Fischerrain« (siehe Ort 86 und 60) und dann vor allem den Hinweis, dass es da ja ein Rathaus geben würde, das überaus herausragend ausschaut. Und das im Zentrum steht, gleich am eher tristen Marktplatz, der zwar durch Größe besticht und vom Denkmal des Dichters der Stadt, Friedrich Rückert, bewacht wird, der aber auch meistens nicht gerade mit ausufernder Lebendigkeit glänzt. Also: der Marktplatz, der Dichter ohnehin nicht …

Bauernmärkte finden hier zwar regelmäßig statt, einmal im Jahr ein Fisch- und natürlich der Weihnachtsmarkt. Vor vielen Jahren gab es an der Stelle mal ein Open-Air-Konzert mit der Ersten Allgemeinen Verunsicherung, als die Österreicher der EAV in ihrer musikalischen Hochphase mit dem »Ba-Ba-Banküberfall« oder ähnlichen Hits um die 5.000 Fans anlockten. Die Bühne stand direkt vor dem Rathaus.

Ansonsten aber warten die grauen Pflaster meist nur auf Leute, die einen Blick auf dieses Rathaus werfen wollen, den im 16. Jahrhundert errichteten Renaissancebau. Der wiederum bekam nach dem Zweiten Weltkrieg einen Bruder: Der Anbau, das neue Rathaus, Heimat der Stadtverwaltung, gilt jedoch eher als Bausünde und passt sich dem historischen Nachbarn in keiner Weise an. Schön ist anders!

Das Wahrzeichen der Stadt darf man fraglos als eines der herausragenden Gebäude Frankens bezeichnen. Doch es steht irgendwie einsam inmitten Schweinfurts da, wo eine Innenstadt eigentlich ein bisschen mehr bieten sollte als eben nur einen als Fotomotiv tauglichen Bau. Doch der ist gerade deshalb umso mehr zu empfehlen. Auch wenn das Rathaus natürlich bekannt sein dürfte als Attraktion. Aber wie's halt so ist: Sieht man's täglich, nimmt man's kaum noch zur Kenntnis.

Adresse Markt 1, 97421 Schweinfurt | **ÖPNV** 400 Meter zu Fuß vom Busbahnhof | **Anfahrt** Parkhaus Oberer Marienbach | **Öffnungszeiten** Von außen ist's am schönsten! | **Tipp** Die kleine Kaffeerösterei in der nur wenige Meter entfernten Rückertstraße ist ein besonderes Café mit selbst geröstetem Kaffee …

57__Der einstige T(h)ierpark

Als es in der Wehr einen Zoo gab

Würde es ihn heute noch geben, er wäre der älteste Zoo in Bayern. Kaum ein Schweinfurter weiß, dass die Stadt tatsächlich mal einen überaus populären Tiergarten hatte. Und ohne den Zweiten Weltkrieg vielleicht noch hätte. Doch Luftangriffe im Jahr 1944 zerstörten die Anlage weitestgehend, die sich in den Wehranlagen südlich des Mains befand. Dort, wo die Alliierten mit Bomben auf das Wasserwerk die Versorgung der Stadt nachhaltig treffen wollten.

Entstanden sein soll der Tiergarten bis 1890, als in erster Linie Hühner, Tauben, Stallhasen, Ponys, Hirsche, Lamas, Esel, Stachelschweine, Papageien, aber auch Affen, Kamele und Bären diesen Park mit Leben füllten. Und sogar Löwen, Tiger, Leoparden, Pumas und ein Zebra gab es in einem der ersten Zoos Süddeutschlands.

Schon der Erste Weltkrieg aber sorgte laut Überlieferungen für einen Einbruch der Besucherzahlen, für fehlende Gelder und Tiere in Not. Trotzdem wurde der Park danach immer populärer, wenngleich immer schwerer zu finanzieren. Nach dem zerstörerischen Zweiten Weltkrieg stellte die Stadt den Zoobetrieb sofort ein und verzichtete auf eine Wiedereröffnung.

Heute gehört das Areal des einstigen Thiergartens (so die damalige Schreibweise) zu der großen Fläche der Wehranlagen mit ihrem markanten Springbrunnen am Eingang. Nun ist längst der Wildpark an den Eichen im Norden der Stadt mit seinen Hirschen, Eulen, Ziegen, aber auch Elchen ein adäquater Ersatz, wenn auch nicht ganz so exotisch.

Von der Vergangenheit in der Wehr zeugen nur noch alte Postkarten mit bunten Grüßen aus Schweinfurt von einer Parkanlage mit zudem außergewöhnlichen Pflanzen aus China, Japan oder Korea. Und es existiert ein Foto, auf dem ein scheinbar gelangweilter und alles andere als artgerecht gehaltener Löwe traurig aus einem Käfig herausblickt. Keinen solchen Zoo mehr zu haben kann auch etwas Positives beinhalten.

Adresse Stadtpark, Im I. Wehr, 97424 Schweinfurt | **ÖPNV** Die Buslinien 61, 62, 81 und 82 halten oberhalb an den Wehranlagen. | **Anfahrt** Parkplätze direkt davor | **Tipp** Das Café Keks im Stadtpark öffnet im Sommer meist am Nachmittag. Es ist nicht nur ein Geheimtipp für einen kleinen Snack, sondern durch die angeschlossenen Toiletten auch ein oft notwendiger Ort für Wehr-Besucher.

58 Der Elch zum Klettern

Warum nicht mal auf ein Holz-Tier steigen?

Reiten ist ein schönes Hobby. Vor allem für Mädchen, die auf dem Rücken der Pferde das Glück dieser Erde finden. Sagt man zumindest so … Nun kann man (und frau) im Schweinfurter Wildpark zwar nicht einen Sattel auflegen und auf einem der lebendigen Vierbeiner durchs Gelände fegen. Auch wenn es nebenan Esel gibt, allerdings hinter einem Zaun.

Dafür aber besteht die Möglichkeit, einen Elch zu besteigen. Noch dazu den wohl größten der Welt. Nun gut, er lebt nicht und ist aus Holz. Doch für Kinder ist das ein riesiges Vergnügen. Das Klettergerät befindet sich relativ zentral in diesem für die Öffentlichkeit übrigens ohne Eintrittsgeld zugänglichen Park. Sogar an eher trüben Wintertagen wird der Elch munter bestiegen und ist somit nicht unbedingt ein echter Geheimtipp.

Aber abseits des Landkreises Schweinfurt sollen angeblich einige Kids noch nicht wissen, wo es spektakulär echte Höhen zu erkraxeln gibt, die zumindest für kleine Leute ein absolutes Abenteuer darstellen. Rund um den hölzernen Kletterspaß haben Künstler einen absolut sehenswerten Zaun errichtet. Für's Auge, für die Optik.

Tierisch ist übrigens noch einiges mehr in unmittelbarer Nähe: Die Fledermaus-Schaukel zum Hin- und Herbewegen für gleich mehrere Benutzer gleichzeitig. Auch das lässt Kinderherzen höherschlagen. Genauso wie das Rutschen aus sechs Meter Höhe aus einem Baumhaus mit seiner neun Meter langen Stahlröhre, durch die man nach unten saust.

Wer sich danach ausgetobt hat: Der Schweinfurter Wildpark beherbergt gleich neben diesen Kletter- und Spielgeräten sogar echte und lebendige Elche, die ja eigentlich eher in nördlichen Ländern zu Hause sind. Auch wenn sie sich gern im Wald verstecken, so kommen sie doch zumindest zu den Fütterungszeiten immer wieder an den Zaun heran. Das Reiten auf den echten Elchen ist aber nicht möglich. Zumindest nicht im Schweinfurter Wildpark.

Adresse Albin-Kitzinger-Straße, 97422 Schweinfurt | ÖPNV Der Stadtbus 51 fährt bis zum Eingang. | Anfahrt Parkplätze ausreichend vorhanden | Öffnungszeiten tagsüber | Tipp Snacks und Getränke verkauft die benachbarte Waldschänke. Die hat zwar ein wesentlich kleineres Angebot als das Wirtshaus des TV Jahn im Osten des Wildparks. Doch die Einnahmen – auch aus dem Verkauf des eigenen »Roth-Wild«-Bieres – kommen alle der Einrichtung zugute.

59 Der Elf-Stämme-Baum

Ein hölzernes »Fußballteam« in der Wehr

Sicherlich eine der unbekanntesten Sehenswürdigkeiten Schweinfurts befindet sich abseits der größeren Touristenpfade in den Wehranlagen in etwa auf halber Strecke vom Bouleplatz der Kugelleger hinter der einstigen Vereinsgaststätte des FC Altstadt und zum Parkplatz, an dem die Joggingstrecke beginnt.

Dort steht mittig eine ganz besondere Esche neben einigen Blumenbeeten und einem Kiesweg innerhalb einer Rasenfläche. Die Stelle ist deshalb nicht sonderlich stark frequentiert, weil zwei weitere Fußwege, einer in der Nähe des Mains und der andere auf der gegenüberliegenden Seite der Fahrstraße, in beide Richtungen führen.

Dieser Baum sollte an sich eine ideale Stelle zum Austoben für die Kinder sein, möchte man meinen. Verbotsschilder gibt es keine. Allerdings muss man bei dem ein oder anderen der Stämme schon ein bisschen Angst haben, dass er abknickt. Elf an der Zahl sind es, man würde fast glauben, dass irgendwann mal viel früher das benachbarte Fußballteam beim Pflanzen Pate gestanden hat.

Der Baum hat überlebt, der Verein meldete seine Herrenmannschaft mangels Kickern vom Spielbetrieb ab. Mit Fortuna 96 Schweinfurt versucht sich dort nach einem Jahr Pause seit 2022 ein anderes Team erneut und joggt womöglich ab und an an dem Baum vorbei.

Derart vergabelte Bäume finden sich gewiss in so manchem Wald. Aber eher weniger an einem Ort, an dem gleich nebenan Parkbänke und Beete zum Verweilen einladen. Und zum Bestaunen, was die Natur so alles erschaffen kann. Wer dort mal hinschaut: Mit dem Auenwald, dem Einmannbunker, dem Saumain, dem einstigen T(h)ierpark, der nicht betretbaren Maininsel, dem Vogelmuseum, dem vergessenen Stadion oder der früheren Natureisbahn finden sich in unmittelbarer Nähe weitere Schweinfurter Geheimtipps, die alle auch in diesem Buch vorkommen. In und um die Wehranlagen schlägt das Insider-Herz der Stadt.

Adresse Im I. Wehr 8, 97424 Schweinfurt | **ÖPNV** Stadtbusse 81, 82, 83, Haltestelle Wehr | **Anfahrt** Parkplätze an der Straße | **Tipp** Die sogenannte Pfinz, das kleine Gewässer im Wald, keine 100 Meter entfernt, bietet Bänke zum Verweilen.

60__Der Fischerrain

Eine romantische Gasse abseits der Wege

Es gibt Stadtviertel in Schweinfurt, die dürften viele der jüngeren Einwohner womöglich gar nicht kennen. Erst recht, wenn sie außerhalb in Stadtteilen wie dem Deutschhof, der Haardt oder der Eselshöhe wohnen. Der Fischerrain ist ein solches. Zwar in der Altstadt gelegen und damit ganz nahe der Fußgängerzone, dort, wo Schweinfurt pulsiert. Zudem an der Bahnlinie gelegen und damit auch am Main. Doch diese einstige Fischersiedlung muss eigentlich nur betreten oder befahren, wer hier wohnt.

Dabei bietet gerade die Fischerrain genannte Gasse, die parallel zum Fluss schmal zwischen zwei Häuserreihen verläuft, durchaus ein romantisches Stadtbild. Sanierte Gebäude zeigen von außen ihre Schönheit. Auf eine gelb angestrichene Fassade folgt eine rosafarbene, dann eine braune. Oberhalb der Fenster im Erdgeschoss sucht sich der Trieb eines Weinstocks seinen Halt. Ach, möge es doch schon Frühherbst sein zum Ernten der womöglich viel zu wenigen Trauben!

Ab dem Weinrestaurant Hess in westlicher Richtung wird's richtig ansehnlich, östlich davon rauscht der Verkehr den Rusterberg entlang, das ist eine der Hauptverkehrsadern der City und ein Teil des Stadtrings. In dieser Fischerrain-Gasse gab's früher sogar mal drei Brauereien. Unfassbar, wenn man bedenkt, das anno 2022 in Stadt und dem gesamten Landkreis Schweinfurt nur noch deren zwei existieren. War früher alles besser, und wohnt es sich in alten Häusern vielleicht wirklich schöner?

Die große Wohnanlage mit der Adresse An den Brennöfen, 2020 erst fertiggestellt auf einem früheren Parkareal gleich neben dem Fischerrain und zum Viertel gehörend, passt sich in Sachen Optik freilich der Romantik nicht unbedingt an. Doch für Freunde moderner Bauten mag vielleicht ja sogar auch das ein Grund für einen Besuch sein oder für wenigstens einen kleinen Abstecher auf dem Weg von der Innenstadt zum Main oder umgekehrt.

Adresse Fischerrain, 97421 Schweinfurt | **ÖPNV** fußläufig vom Busbahnhof in sieben Minuten erreichbar | **Anfahrt** Parkplätze an der Heilig-Geist-Kirche | **Tipp** Die Weinstube Hess ist ein traditionelles, gehobenes Schweinfurter Restaurant, das irgendwie aus der Zeit gefallen zu sein scheint.

61 Die Franz-Josef-Strauß-Brücke

Regengeschützt unter dem größten Dach

So richtig Großstädtisches hat Schweinfurt eigentlich wirklich wenig zu bieten. Aber das muss ja nichts Nachteiliges bedeuten. Eine Brücke ist dabei sicherlich kein besonders erwähnenswertes Bauwerk oder gar ein Gebäude. Im konkreten Fall aber schon. Denn die nach dem einstigen Ministerpräsidenten benannte Franz-Josef-Strauß-Brücke (einen Flughafen hat man in Schweinfurt halt nicht …) mit ihren 350 Metern an Länge kennen Autofahrer überwiegend von oben.

Doch diese aus Spannbeton bestehende Brücke mit den vier Fahrspuren, gebaut im Jahre 1970, die über die Bahnlinie von Schweinfurt aus in die Richtungen Oberwerrn (und dann weiter nach Bad Kissingen) und Waigolshausen (und später Würzburg) führt und die Stadtteile Bergl und Oberndorf verbindet, hat ja auch ein »Unterleben«.

Was irgendwie freilich kaum jemand bewusst registriert. Denn überwiegend Fußgänger oder Radfahrer sind dort unterwegs. Wer sich genauer mit den Begebenheiten beschäftigt, wird erkennen, dass sich hier das wohl größte Dach Schweinfurts befindet. Zumindest »open air« und ohne Seitenwände.

Regengeschützt lässt es sich hier allemal bei Mistwetter verweilen, auch wenn es an sich keinen echten Grund dafür gibt. Der Platz wäre freilich vorhanden für ein Fußballspiel oder gar ein Konzert mit ein paar hundert Leuten. So manche Stelle nutzen die Schweinfurter jedoch für das Abstellen ihrer Autos unterhalb einer Trasse, auf der dauerhaft rund um die Uhr der Verkehr rollt. Für die Anwohner in der direkten Umgebung wie beispielsweise dem vom Abriss bedrohten und teils schon ausgestorbenen Armenviertel Am Herroth ist das gewiss nicht das größte Vergnügen.

Und sicherlich ist zu Lebzeiten auch Franz Josef Strauß hier irgendwann mal unterwegs gewesen. Oberirdisch natürlich. Und sei's nur auf der Rücksitzbank mit einem Chauffeur.

Adresse Gustav-Heusinger-Straße, 97424 Schweinfurt | **ÖPNV** Stadtbus 12, Ausstieg Ludwig-Krug-Straße | **Anfahrt** Parkplatz unter der Brücke | **Tipp** Die Sachskolonie nebenan ist eine beeindruckende Werkssiedlung mit schönen Wohnhäusern. Dieses denkmalgeschützte Ensemble ist eine 1922/23 entstandene Wohnsiedlung für die Angehörigen der damaligen Firma Fichtel & Sachs.

62 Der Gedenkplatz am Main

Erinnerungen an die Zwangsarbeit im Weltkrieg

Es ist ein trauriges Thema: Zwischen 1940 und 1945 beschäftigte die Schweinfurter Großindustrie über 10.000 ZwangsarbeiterInnen, darunter mehr als 4.000 Mädchen und junge Frauen. Das Naziregime hatte sie aus den besetzten Gebieten nach Deutschland verschleppt und ließ sie hier ackern, ohne irgendwelche Rücksicht.

Dank der Initiative gegen das Vergessen hat sich die Stadt dieses Themas angenommen und die Geschehnisse aufgearbeitet, wenn auch relativ spät. Seit dem Jahr 2011 gibt es dazu einen Gedenk-Ort vor einer Linde und einen informativen Rundweg mit sieben Tafeln, genannt »Lagerweg«. Er verläuft südlich der Uferstraße nahe SKF und ZF, unterhalb der Kläranlage von Oberndorf, unter der Autobahn A 70 hindurch, aber nördlich des Mains. Entlang der früheren vier Werkslager von Fichtel & Sachs, Vereinigte Kugellager-Fabriken VKF, Deutsche Star und Kugelfischer.

Nahe des Flusses befindet sich das vom Künstler Herman de Vries gestaltete Denkmal: Steinblöcke, im Halbkreis angeordnet, bewusst als Sitzmöglichkeit gedacht. Und das an einem Ort, an dem früher die Baracken gestanden haben sollen, in denen die Zwangsarbeiter leben mussten. Beschriftet ist das Denkmal mit dem ersten Satz der deutschen Verfassung: »Die Würde des Menschen ist unantastbar.« So, wie sie das damals in Schweinfurt eben leider nicht war …

Wer sich mit der Kriegsgeschichte der Stadt befassen möchte, sollte das an diesem Ort tun. Doch Vorsicht: Die Aussagen von Zeitzeugen auf den Tafeln berühren nachhaltig. »Es wurden 200 Gramm Brot pro Tag verteilt, das 24 Stunden reichen sollte. Gegen Mittag wurde eine dünnflüssige Suppe ausgeteilt, ohne Beilage…«, sagte beispielsweise Anastasia Iwaniwna Shemera aus Kiew in der Ukraine. Sie war bei der Ankunft in Schweinfurt gerade mal 21 Jahre jung. Über viele lange Jahre hatte man das, was einst in der Stadt passierte, aber verdrängt.

Adresse Gedenkort »Drei Linden« am Main nahe der Autobahnbrücke der A 70 | **ÖPNV** Stadtbus 13 nach Oberndorf, Ausstieg Kornstraße, dann zu Fuß | **Anfahrt** Parken an der Uferstraße bei der Großindustrie | **Tipp** Weiter südlich befindet sich eine romantische Flusslandschaft am Main. Und die Kleingärten Oberndorf daneben haben eine einladende Gastwirtschaft.

63 Die Hadergassen-Schluchten

Großstädtisches im einstigen Park-Areal

Früher befand sich hier mal ein großer Parkplatz vor einem großen Parkhaus. Und das neben dem noch immer bestehenden Gefängnis, der sogenannten Villa Rosa, die ihren Namen durch den farblichen Anstrich bekam. Wenn er/sie den Namen Hadergasse hört, so denkt der/die Schweinfurter/in noch heute in erster Linie an die Justizvollzugsanstalt. Die befindet sich direkt an der alten Stadtmauer, hinter der dann der Châteaudunpark, benannt nach der Partnerstadt in Frankreich, die Verbindung schafft zum Theater der Stadt.

Irgendwann kam das besagte Parkhaus in die Jahre, stand vor dem Abriss, und es ließen sich die Pläne für die »Neue Hadergasse« realisieren. Ohne oberirdische Parkplätze, dafür nun mit einer Tiefgarage unter dem großen Parkplatz oberhalb der Stadtmauer, der noch immer besteht. Der wird gern genutzt von Besuchern des Theaters, des St.-Josefs-Krankenhauses und auch der Kunsthalle, dem früheren Ernst-Sachs-Bad.

Doch während man in die Tiefgarage erst durch das Befahren hineinsieht, fällt jetzt der nördliche Teil der Hadergasse für Fußgänger so richtig auf. Vier mehrgeschossige Gebäude sind entstanden, eines davon ist ein Stadthotel, die anderen warten im Erdgeschoss mit Geschäften auf, weiter oben wird gelebt. Die Wohnungen fanden nach dem Bau reißenden Absatz. In der Innenstadt zu leben – das ist eben angesagt! Doch wer zu Fuß in die Geschäfte will, darunter ein Lebensmittelmarkt, muss vom Zeughaus und auch vom Theater kommend zunächst vergleichsweise steile Treppen herunterlaufen, hinein in eine wahre Betonschlucht.

Ob das schön ausschaut, kann jeder für sich selbst entscheiden. Fakt aber ist, dass diese neue, kleine Fußgängerzone unweit des Busbahnhofs Roßmarkt etwas Großstädtisches hat, das man von Schweinfurt zuvor so noch nicht kannte.

Adresse Hadergasse 33, 97421 Schweinfurt | ÖPNV fußläufig vom Busbahnhof in drei Minuten erreichbar | Anfahrt unterirdisches Parkhaus Kunsthalle | Tipp Die benachbarte Kunsthalle bietet immer wieder sehenswerte Ausstellungen. In dem ehemaligen Ernst-Sachs-Bad waren im letzten Jahrzehnt die Ausstellungen »Main & Meer« sowie Werke von Gunter Sachs echte Publikumsrenner.

64 Der Hexenplatz

Gruseliges neben Hochlandrindern im Wildpark

Hexen … Das klingt gruselig. Und eigentlich will doch niemand dorthin, wo solche Wesen zu Hause sind. Oder? Oder eben doch? Nun ja, ein Hexenplatz in Schweinfurt erfreut sich auf alle Fälle großer Beliebtheit, auch wenn eine Umfrage, wo sich denn dieser Platz befinden soll, wohl weitestgehend ins Leere laufen würde. Ganz so bekannt ist er nämlich nicht. Zumindest nicht unter dem Namen »Hexenplatz«. Er befindet sich … im Wildpark.

Wer richtig aufpasst, wird merken, dass in dieser Publikation das Freizeit-Gelände im Norden Schweinfurts das ein oder andere Mal erwähnt wird. Es ist am Wochenende oft so überlaufen, dass ringsum weit und breit kein Parkplatz mehr zur Verfügung steht. Und trotzdem versteckt der Wildpark in sich einige Areale, die einzeln gesehen für den Schweinfurter wie ein »Das habe ich noch nie gehört« klingen. Das gilt vor allem für diesen Hexenplatz.

Dahinter verbirgt sich inmitten von ganz viel Sand und komplett im Wald versteckt neben Hochlandrindern, die hier eine neue Heimat fanden, ein Spielplatz für die ganz kleinen Kids. Einer der etwas gruseligeren Art, mit einem markanten Hexenhaus zum Erklettern. Das wirkt trotzdem irgendwie einladend und ist gerade an Sonn- und an Feiertagen stark frequentiert. Und das sogar in den Wintermonaten. Familien treffen sich hier und verbringen ganze Nachmittage zusammen. Überwiegend aber ohne zu wissen, dass sie gerade auf einem Hexenplatz herumtoben, der an sich weit geheimnisvoller wirkt als der Wildpark in seiner Gesamtheit.

Trotzdem: Kennt nicht jeder, ist aber einer der schönsten Flecken Schweinfurts! Auch deshalb, weil sich gleich daneben ein Baumhaus befindet mit einer großen Rutsche. Und auch da heißt es an so manchen schönen Wochenendtagen: Ohne ein längeres Anstellen wird es nichts mit dem Spaß. Daher: Besser unter der Woche vorbeischauen! Oder wenn es im Herbst langsam zu dämmern beginnt. Also: Wenn die Hexen erwachen …

Adresse Albin-Kitzinger-Straße, 97422 Schweinfurt | ÖPNV Der Stadtbus 51 fährt bis zum Eingang des Wildparks. | Anfahrt Parkplätze ausreichend vorhanden | Öffnungszeiten tagsüber | Tipp Im Sportpark Hundertäcker zeigt der HC Schweinfurt im Sommer attraktives Feldhockey, das man von der Terrasse des griechischen Restaurants aus beobachten kann.

65__Die Hölle an der Peterstirn

Zwei Türme und das Hexenbrünnle

Sagt man in Schweinfurt »Dann fahr doch zur Hölle!« zu jemandem, dann ist das in der Regel ein Einkehrtipp. Denn es gibt ein Restaurant dieses Namens, das einen grandiosen und über die Maßen großen Biergarten bietet. Der ist nicht unbedingt ein Geheimtipp.

Doch es mag nicht wirklich so richtig bekannt sein, dass sich der Name vom Höllental ableitet, das in etwa am Wirtshaus beginnt. In nördlicher Richtung zieht es sich entlang eines Landschaftsschutzgebietes vorbei am Stadtteil Deutschhof links und an der versteckt liegenden Waldgaststätte Almrösl letztlich sogar bis nach Üchtelhausen, der an Schweinfurt im Norden anschließenden Gemeinde.

Das Hexenbrünnle ist unterwegs allerdings auch leicht versteckt durchaus eine kleine Sehenswürdigkeit. Na gut, man muss an so einem kleinen Brunnen halt das Besondere für sich entdecken wollen … Wer will, kann auch, zumindest bis zum Almrösl, einen Parallelweg überwiegend im Wald wählen. Der startet am Beerhüterturm oberhalb der sogenannten Peterstirn, führt dann vorbei am Schindturm. Von beiden blickt es sich fein nach unten in die schöne Landschaft, entweder ins Maintal oder auf den Deutschhof.

Als echte touristische Attraktionen vermarkten die Stadt oder die Region aber weder die Bauwerke noch den Weg oder das Tal. Was vielleicht aufgrund eines fehlenden Großparkplatzes im Osten Schweinfurts auch gut so ist. Das macht sich bei den sommerlichen Weinfesten der Winzerfamilie Dahms an der Peterstirn – hier werden die überwiegend weißen Trauben angebaut – bemerkbar.

Zum Glück gibt es oben im Hof eines Weingutes nur begrenzt Plätze für Besucher, die stets dennoch in Scharen nach oben pilgern. Womöglich ohne zu wissen, dass sie der Hölle ganz nahe sind. Und um eher schon zu dem Fest abzubiegen, bevor Beerhüter oder der auf dem Bild zu sehende Schindturm erreicht sind.

Adresse Am Schind, 97422 Schweinfurt | **ÖPNV** Stadtbus 71, Haltestelle Mainberger Straße, von da geht's nur zu Fuß weiter | **Anfahrt** Parkplatz Mainleite, Lettenleite 14, 97422 Schweinfurt | **Tipp** Wer Lust hat, wandert durchs Tal bis nach Üchtelhausen, wo sich gleich zwei Wirtshäuser (Waldgaststätte und Pronto Pronto) befinden, in denen sich die Einkehr lohnt.

66 Der Höpperlesturm

Neu gebaut, auf alt gemacht

Es war einmal … der Schweinehirtenturm an der Schweinfurter Stadtmauer. Dort, wo heute wenige Meter entfernt das Theater der Stadt steht. Höpperlesturm nannte man ihn auch. Im Zweiten Weltkrieg aber wurde eine Lücke in die Stadtmauer gebombt. Der Turm verschwand, wurde im Laufe der Jahre auch gar nicht mehr unbedingt vermisst. Aus den Augen, aus dem Sinn …

Doch dann erinnerte sich der Schweinfurter Rechtsanwalt und langjährige SPD-Stadtrat Peter Hofmann an die Vergangenheit und initiierte im Jahr 2016 einen Wiederaufbau. Und siehe da: Das Interesse war enorm! Der Höpperlesturm entstand so dank der Unterstützung von Spendern in seiner ursprünglichsten Form, nicht in der zuletzt existierenden. Und deshalb hat Schweinfurt nun an seiner Stadtmauer auch in diesem Bereich wieder einen Turm, wie es an anderen Stellen auch welche ohne Rekonstruktionen gibt.

Bezeichnend: Die Stadtverwaltung reagierte eher weniger begeistert auf Hofmanns Idee, die Schweinfurter Bevölkerung hingegen schon. Dokumente und alte Fotos bildeten die Grundlage für die Neuerrichtung. Rechtsanwalt Hofmann, der mit www.schweinfurtfuehrer.de eine bemerkenswerte Seite betreibt, auf der er an die Vergangenheit erinnert, und der auch schon mehrere Bücher veröffentlichte, fand genügend Firmen, die ihre Arbeitsleistungen im Dienst der guten Sache gratis anboten. Geldgeschenke gab es zudem in Höhe von über 50.000 Euro. Steuergelder wurden nicht benötigt, um das Vorhaben in kürzester Zeit zu realisieren.

Binnen weniger Wochen stand er also wieder, der Schweinehirtenturm. Und ist als Höpperlesturm, kurz: »Das Höpperle«, bislang allerdings noch ohne Innenleben, seitdem trotzdem weder wieder wegzudenken, noch erweckt er aus irgendeinem Grund den Anschein, nicht schon immer hier gestanden zu haben. An einer Stelle, wo man wahlweise auf das Theater oder die neue Hadergasse blicken kann.

Adresse Hadergasse oder Wolfsgasse, 97421 Schweinfurt | ÖPNV Vom Busbahnhof sind es 300 Meter zu Fuß Richtung Theater. | Anfahrt Parkgarage Kunsthalle | Tipp Über die Neue Gasse ist es nicht weit zu Fuß in den Fichtelgarten, noch eine schöne Parkanlage der Stadt.

67 Das Hotel Alte Reichsbank

Eine Weinstube im Tresorraum

In der Tat befand sich in diesem Gebäude einst mal die Alte Reichsbank, weshalb es auch nach dem Umbau von 2005 bis 2007 den Namen behielt. Zentral in der Schweinfurter Innenstadt gleich schräg gegenüber des Theaters gelegen, wird es seitdem von auftretenden Schauspielern immer mal wieder gern genutzt. Zum Übernachten, denn in der Neutorstraße 4 ½ hat sich die Alte Reichsbank als kleines Hotel mit 14 Zimmern etabliert.

Anfangs luden die Betreiber auch die nicht länger verweilenden Besucher mit einem Restaurant und einer schmucken Terrasse zu sich ein. Nun steht der eine Raum nur noch den Hotelgästen als eine Art Weinstube oder für überschaubare Gesellschaften nach Anmeldung zur Verfügung und wartet mit einer Besonderheit auf: Das kleine Zimmer war mal ein Tresorraum und wird heute noch von einer mächtigen, schweren Panzertür bewacht, die auch als Eingangstor dient.

Die Landeszentralbank bunkerte hier mal ihr Hartgeld. Angeliefert wurde es über die Straße, weshalb auch das eine Fenster mit einem dicken Verschluss bewacht wird. Beim Umbau wollten die Eigentümer auf diese zur Geschichte des Hauses einfach dazugehörenden Merkmale nicht verzichten. Für die Gäste ist es ein Erlebnis, wenn sie ihr Frühstück in einem ehemaligen Tresorraum einnehmen oder einfach nur einen Cappuccino bei einer Besprechung dort trinken.

Übrigens gibt es weiter hinten im Gebäude einen zweiten Raum, der früher für die Bewahrung von Wertpapieren und Scheinen genutzt wurde. Hier hat sich nun die ebenfalls im Haus beheimatete Fahrschule ein Büro eingerichtet. Auch dieses Zimmer schließt man nicht einfach so ab, man versperrt es, sodass selbst die Darsteller von »Ocean's Eleven« kaum hier einbrechen könnten. »Bei Öffnung des Tresores außerhalb der Dienstzeit wird in jedem Fall ein Alarm zur Polizei ausgelöst«, steht noch an der Tür. Ob das heutzutage wohl immer noch so ist?

Adresse Neutorstraße 4, 97421 Schweinfurt | ÖPNV fußläufig vom Busbahnhof in drei Minuten erreichbar | Anfahrt Parkplätze entlang der Straße | Öffnungszeiten täglicher Hotelbetrieb | Tipp Das Kioskgebäude gleich oberhalb erinnert an gute alte Zeiten der Tante-Emma-Läden.

68__Der Hutrasen

Das vergessene Stadion des VfR 07

Denkt man an Schweinfurt und Fußball, dann denkt man natürlich zuerst an den FC 05, die Schnüdel, die 1905 gegründet wurden und die bis zur Einführung der Bundesliga bis in die 1960er und 1970er Jahre zu den großen Vereinen in Deutschland gehörten und bis dahin zumindest immer zweitklassig waren. Danach folgte zwar eine Talfahrt, unterbrochen von zweimaligen Kurzzeit-Gastspielen in der 2. Liga. Doch »der FC« ist natürlich noch immer ein regionales Aushängeschild, spielt im altehrwürdigen Sachs-Stadion mit seinen 16.000 Zuschauerplätzen und den Baumreihen oberhalb der Ränge. Das ist bekannt.

Weniger jedoch und bei jüngeren Leuten vielleicht gar nicht mehr bekannt: Es gab in der Stadt einst einen zweiten erfolgreichen Verein, aus dem sogar die beiden Nationalspieler Robert Bernard und Andreas »Anderl« Kupfer hervorgingen. Der VfR 07 Schweinfurt gehörte vor dem Zweiten Weltkrieg der höchsten Liga an, traf im Pokal sogar mal auf Rapid Wien.

Die Rasensportler (dafür steht das R) spielten in einem eigenen, heute noch bestehenden Stadion am sogenannten Hutrasen zwischen Main und Sennfelder Bahnhof. 6.000 Zuschauer fasst es offiziell. Auf Groundhopper, also Fans von historischen Spielfeldern, übt das Stadion, eigentlich eher ein Sportplatz, immer noch seinen Reiz aus. Auch wenn hier längst Türkiyemspor Schweinfurt sein Zuhause hat.

Dessen Vorgängerverein Hilalspor übernahm die Sportanlage, als der immer tiefer fallende VfR 07 im Jahr 2011 Insolvenz anmeldete. Obwohl er 1997 zum 90-Jährigen 25.000 Besucher anlockte – allerdings ins Sachs-Stadion zum Livekonzert der Backstreet Boys. 2002 wollte man Modern Talking zum VfR holen, musste dafür sogar extra eine Art Fluchttor hinter dem östlichen Tor errichten angesichts der erwarteten Massen. Doch der Verein verhob sich auch finanziell an einem letztlich gecancelten Festival. Dieter Bohlen kam nie. Und auch Thomas war Anders-wo …

Adresse Hutrasen 6, 97424 Schweinfurt | ÖPNV Der Stadtbus 81 hält am Sennfelder Bahnhof, von dort sind es 400 Meter zu Fuß. | Anfahrt A 70, Ausfahrt Gochsheim, Parken vor Ort oder am Sennfelder Bahnhof oder in den Wehranlagen | Tipp Das türkische Restaurant Aspendos ist eine Einkehr wert. Das ist die Vereinsgaststätte von Türkiyemspor Schweinfurt. Von der Terrasse blickt man auf das Fußballfeld.

69__Der Kaskaden-Brunnen

Wasserspiele mit Verkehr drum herum

Für den Wandel Schweinfurts von der reinen Arbeiterstadt mit Industrie hin zu Kunst, Kultur und der damit verbundenen und natürlich bewusst gewollten Öffnung für viel mehr Touristen stehen stellvertretend das bekannte Museum Georg Schäfer, das Verschwinden des Schlachthofs auf der Maininsel (Tierfreunde hat es gefreut!) zugunsten des Konferenzzentrums mit Großhotel oder der Umbau des Ernst-Sachs-Bades, in dem halb Schweinfurt das Schwimmen lernte, zur überregional überaus angesehenen Kunsthalle. Das alles sind Gebäude. Aber es gibt auch Merkmale und Monumente draußen und ohne Dach, die als Veränderungen die Stadt ein bisschen attraktiver gemacht haben.

Bestes Beispiel ist ein Kaskaden-Wasserlauf in der Straße am Jägersbrunnen. Vor dem Haupteingang des Traditions-Kaufhauses, das früher mal Horten hieß, wurde die Fahrbahn geteilt, kurven nun links und rechts voneinander getrennt die Autos und Busse an einer neu geschaffenen Insel vorbei. Die bietet im oberen Bereich eine Aufenthaltsfläche mit einer Bank, im unteren einen Richtung Rathaus fließenden kleinen Bach auf Kaskaden-Treppen.

Was eigentlich ganz nett anzuschauen ist, trotzdem aber irgendwie nicht so recht beachtet wird. Denn wer genau sehen will, wie es über den teils recht mächtigen Steinplatten plätschert, muss schon relativ dicht rangehen und dort verweilen. Was aber aufgrund der Fahrbahnen an beiden Seiten wohl nur außerhalb der Stoßzeiten einigermaßen gefahrenlos möglich ist.

Und trotzdem darf dieser Kaskaden-Brunnen durchaus als gelungene Aufwertung der City bezeichnet werden. Zum echten Hingucker freilich wurde er irgendwie nicht. Und gehört auch wegen der schwer möglichen Einblicke auf die Wasserspiele daher zu den Schweinfurter Geheimtipps. Enten haben sich dorthin noch nicht verirrt, und auf Fische verzichtet man in Schweinfurt in diesem künstlichen Gewässer ganz bewusst. Aber Abkühlung gibt's!

Adresse Jägersbrunnen, 97421 Schweinfurt | **ÖPNV** fußläufig vom Busbahnhof in drei Minuten erreichbar | **Anfahrt** Parkhaus der Galeria Kaufhof | **Tipp** Trotz modernem Neubau als Anbau ist das historische Gerichtsgebäude gegenüber sehenswert. Auch wenn eigentlich niemand unbedingt einen Grund haben möchte, dort hineingehen zu müssen.

70__Das Kleine Industriemuseum

Wo Schweinfurts alte Kugellager zu Hause sind

Das mutmaßlich spannendste Museum Schweinfurts, gleichzeitig aber auch das vielleicht unbekannteste neben dem »Kleinen« mit den Hundertwasser-Erinnerungen, befindet sich in einem alten Gebäude direkt am Main. In der ehemaligen Kunstmühle oder auch Spinnmühle hat sich im ersten Stock der Schachclub eingerichtet. Im Erdgeschoss »wohnt« das 2012 gegründete Kleine Industriemuseum des Arbeitskreises Industrie (AKI). Ein paar Meter weiter, den Main abwärts, hat die Kleinkunst in der Disharmonie neben der Gaststätte Vielharmonie und deren Biergarten ein Zuhause.

Gutermann-Promenade 1 lautet die Adresse des Museums, direkt nebenan liegt die verkehrsbeunruhigte Harmonie-Kreuzung und verläuft die Bahnlinie Richtung Bamberg. Parkplätze sind rar in dieser Gegend. Dafür finden sich in den Räumen zahlreiche technische und größtenteils noch funktionstüchtige Geräte aus der Geschichte der Schweinfurter Kugellagerindustrie, Informationen über die großen Firmen SKF, Fichtel & Sachs und Kugelfischer, dazu alte Motorräder, Kugellager und sogar Exponate der Ausstellung »Schweinfurt und die Luft- und Raumfahrt«. Die Industrie der Stadt leistet also sogar ihren Teil dazu, dass Flugzeuge fliegen und Raketen ins All starten.

Das Kleine Industriemuseum hat mangels Heizung in den alten Räumen nur von März bis November jeweils am zweiten und vierten Samstag eines Monats immer von 14 bis 18 Uhr geöffnet. Und zu besonderen Anlässen wie am Tag des offenen Denkmals. Gruppenführungen sind nach Absprache möglich. Ehrenamtliche Mitarbeiter, überwiegend einstige »Fabrikler« der genannten Unternehmen, von denen nur SKF seinen Namen konservieren konnte, setzen sich ein und halten das Museum am Laufen. Und führen Interessierte mit großer Begeisterung durch die bedeutende Vergangenheit Schweinfurts. Informationen gibt es unter www.aki-schweinfurt.de.

Adresse Gutermann-Promenade 1, 97421 Schweinfurt | ÖPNV Stadtbus 61, Haltestelle Museum Georg Schäfer | Anfahrt Parken in der Tiefgarage des Museums | Tipp Auf der anderen Straßenseite befindet sich die Stadtbücherei Schweinfurt im sehenswerten Ebracher Hof. Wer also gern liest …

71 Das kleine Museum

Hundertwasser für besondere Kunstfans

Den Namen »Hundertwasser-Museum« darf es offiziell nicht tragen. Und deshalb heißt es nur »kleines Museum«. Das passt, weil: Es ist ja auch klein! Es befindet sich im Westen Schweinfurts gleich an der stark befahrenen Luitpoldstraße im Untergeschoss des Hotels Luitpold in etwa zwischen Hauptbahnhof und Stadtgalerie und ist nur nach vorheriger Anmeldung oder Absprache geöffnet.

Aus einer privaten Initiative heraus entstand es einst und zeigt Werke des im Jahr 2000 verstorbenen Österreichers Friedensreich Hundertwasser, ohne dass der Künstler etwas mit der Entstehung des Museums zu tun hatte. Selbst die Fußböden innen und die Toiletten wurden nach besonderer Art gestaltet, allerdings im Stil von Antoni Gaudí. Gerade Linien gibt es nirgends, es leuchten bunte Farben, Wellen, Muster und Spiralen um die Wette.

Zu sehen sind auch original Bilder von Udo Lindenberg, so genannte Likörelle, die der Musiker malte und die von den Initiatoren erworben wurden. Eröffnet hatte das kleine Museum drei Tage bevor Friedensreich Hundertwasser am 15. Dezember 2008 80 Jahre alt geworden wäre. Auf den rund 200 Quadratmetern Ausstellungsfläche kommen Fans dieser außergewöhnlichen Kunst bei über 100 gezeigten Exponaten auf ihre Kosten.

Allerdings haben Schweinfurt und auch der Tourismusverband nie mit dem Museum geworben. Auf der Internetseite der Stadt wird es nicht einmal erwähnt. Allerdings existiert auch die einstige eigene Homepage seit geraumer Zeit nicht mehr.

Und so sind diese Hundertwasser-Werke also wirklich ein echter Geheimtipp, auch wenn ein paar Statuen vor dem Eingang sichtbare Werbung für Vorbeifahrende machen. Doch in der stark frequentierten Landwehrstraße, der Bundesstraße 286, rauschen die Autos derart vorbei, dass die Präsentation vor der Tür mehr oder weniger untergeht. Deshalb kennt man in Schweinfurt halt eher das Museum Georg Schäfer.

Adresse Luitpoldstraße 45, 97421 Schweinfurt | ÖPNV Stadtbus 11, 12 und 13, Haltestelle Friedrichstraße | Anfahrt Besser öffentliche Verkehrsmittel nutzen! | Öffnungszeiten nach Absprache unter Tel. 09721/4727286 | Tipp 100 Meter entfernt befindet sich in der Friedrichstraße 8 die Schweinfurter Kindertafel. Deren Bestehen – wegen Familien mit Kindern in finanzieller Not – ist allerdings nicht gerade ruhmreich für die Stadt.

72 Das Kugellager am Theater

Ein Wahrzeichen neben dem Kulturtempel

Das 1966 fertiggestellte Theater der Stadt Schweinfurt, den Kulturtempel der Region, muss man natürlich auch mal gesehen haben. Vor allem von innen. Aber das ist ja gar kein Geheimtipp! Und zudem ist das Theater aufgrund von Millionen an Euro verschlingenden Sanierungsarbeiten überwiegend wegen des nicht mehr aktuellen Brandschutzes seit 2020 geschlossen und kann frühestens im Herbst 2024 wieder eröffnen.

Wer an einem Winterabend vom Parkplatz kommend trotzdem aktuell zum Eingang des Theaters läuft, übersieht im Dunkeln mutmaßlich ein Industriedenkmal, das dank der Gesellschaft Harmonie und dem Unternehmen Schaeffler leicht seitlich versetzt erst im neuen Jahrtausend im nach einer Partnerstadt benannten Châteaudunpark aufgestellt wurde: ein scheinbar schwebendes, überdimensionales Kugellager, über elf Tonnen schwer und 3,20 Meter hoch. In Wuppertal wurde es angefertigt, in Solingen, bekannt für sein gutes Essbesteck, beschichtet und dann in die Heimat der Wälzlager nach Schweinfurt transportiert.

Informationstafeln erklären es denjenigen, die nicht wissen, was es mit diesem runden Lager, einer Art Stargate (wer eher Film und Fernsehserie kennt), auf sich hat. Im 20. Jahrhundert sorgte diese Erfindung für eine weltweite Bedeutung Schweinfurts als Industriestandort, was sogar noch bis heute der Fall ist. So gesehen wurde es längst Zeit, dies in Form eines Denkmals darzustellen.

Der Förderkreis der Harmonie hat übrigens weitere Sehenswürdigkeiten gesponsert wie das Marktbrünnle vor dem Rathaus, das Denkmal Olympia Morata, eine Martin-Luther-Büste oder eine Gedenktafel zur Erfindung der Schweinfurter Schlachtschüssel.

Und das noch: Geschätzt wird der Wert des abends sanft beleuchteten Großlagers auf rund 70.000 Euro. Ein Diebstahl im Dunkeln würde sich also lohnen. Doch wie will jemand über elf Tonnen aus dem Châteaudunpark vor dem Theater wegbewegen …?

Adresse Roßbrunnstraße 2, 97421 Schweinfurt | ÖPNV fußläufig vom Busbahnhof in fünf Minuten erreichbar | Anfahrt unterirdisches Parkhaus Kunsthalle | Tipp Wer gut essen will, ist im 350 Meter entfernten Naturfreundehaus richtig. Auch wegen des bemerkenswert schönen Biergartens.

73 Die langen Hochhäuser

Hier wohnt man in einer Scheibe

In Schweinfurt steht im Norden der Stadt nicht nur das einst höchste Wohngebäude Frankens (siehe Ort 46). Im Westen im Stadtteil Bergl befinden sich sogar zwei Wohnblöcke in direkter Nachbarschaft, die auf den ersten Blick womöglich gar nicht so besonders, vor allem nicht unbedingt attraktiv wirken. Anders mag das sein, wenn man die jeweiligen Geschichten dahinter kennt. Da ist zum einen die sogenannte »Wohnscheibe«. Ein Scheibenhochhaus, das sogar Unterfrankens größtes Wohnhaus sein soll.

Beachtlich ist da weniger die Höhe mit den zwölf Stockwerken als vielmehr die Länge: 135 Meter, was auf dem Vorplatz, um den sich einige Geschäfte und Einkehrmöglichkeiten angesiedelt haben, durchaus auch leichtathletische Sprintwettkämpfe zulassen würde oder Konzertveranstaltungen mit Platz für Hunderte Besucher. Auf der anderen Straßenseite steht ein etwas niedrigerer, dafür aber sogar stolze 180 Meter langer Wohnblock mit elf zusammengefügten, einzelnen Gebäuden. Und von dort sind es nur ein paar Meter zu einem Hochhaus mit gleich 15 Geschossen, es ist Unterfrankens ältestes. Das wurde in den 1950er Jahren gebaut, die beiden langen Gebäude entstanden in den 1960er Jahren.

Zu sehen sind die Riesen in einem Schweinfurter Stadtteil, der bei Touristen nicht unbedingt auf der »Must-see«-Liste steht. Der aber – siehe auch die Kapitel mit dem Wasserturm und mit dem Berliner Platz (siehe Ort 93 und 48) – gleich mehrere Gründe für zumindest einen Abstecher liefert. Auch wenn hier nicht ohne Hintergrund die Schweinfurter Tafel ihren Hauptsitz hat, die dafür sorgt, dass Bedürftige halbwegs erschwingliche Lebensmittel einkaufen können.

Aber wer die Natur liebt: Nur wenige 100 Meter neben der Wohnscheibe schlängelt sich in Richtung Westen das Flüsschen Wern nach Geldersheim und an dem Ort vorbei durch ein Naturschutzgebiet, das kontrastreicher nicht sein könnte, zum Stadtteil Bergl.

Adresse Oskar-von-Miller-Straße 62, 97424 Schweinfurt | **ÖPNV** Stadtbus 11, Haltestelle Wohnscheibe | **Anfahrt** Besser öffentliche Verkehrsmittel nutzen! | **Tipp** Der neue Stadtteil Bellevue im einstigen Wohngebiet der US-Soldaten wird ein modernes Quartier. Askren Manor hieß er zu den Zeiten, als die Amerikaner mit ihren Familien dort lebten.

74 Die Ledward Barracks

Das Tor zur Neugestaltung Schweinfurts

Es waren einmal …. Amerikaner in Schweinfurt! Ganz viele sogar. Bis zu 12.000 US-Soldaten lebten hier früher einmal, mit der Heimat Conn Barracks (zwischen Geldersheim und Niederwerrn im Landkreis), Askren Manor (einem Wohngebiet neben dem Volksfestplatz) oder den Ledward Barracks nicht weit davon entfernt. Über 26 Hektar groß ist allein dieses einstige Kasernenareal neben dem Sachs-Stadion der bekannten Fußballer des FC 05.

2014 verließen die Amerikaner nach 68 Jahren die Stadt. Und Ledward, mit Kirche, Kino, Klinik und Einkaufszentrum, stand auf einmal leer. 2015 kamen Geflüchtete, fanden eine Heimat, so wie 2022 wieder Menschen in Not, diesmal aus der Ukraine, in den alten Soldaten-Unterkünften einzogen. Schon weit zuvor wurde klar, dass Schweinfurt auf etwa einem Drittel des Geländes 2026 die Landesgartenschau ausrichten möchte. Früher schon entstand die Carus-Allee als Verbindung vom östlichen Ende zum Stadion. Die Fachhochschule errichtete ein erstes Erweiterungsgebäude für einen sogenannten i-Campus.

Die meisten Gebäude wurden also abgerissen, doch einiges erinnert immer noch an die amerikanische Vergangenheit dieses Areals, wo gegenüber der Niederwerrner Straße in fußläufiger Erreichbarkeit der Kaserne einst ganz bewusst ein Fast-Food-Restaurant entstand, damals eine Goldgrube (um farblich auf die Krone hinzuweisen). Eine Panzerhalle steht noch und soll in die Landesgartenschau integriert werden.

Die zwei Einfahrtstore der Ledward Barracks blieben als Erinnerung erhalten, ebenso das einstige Hauptquartier der Streitkräfte, die Robertson Hall gleich hinter einem großen Platz für Versammlungen, den auch ein riesiger immergrüner Weihnachtsbaum ziert, der weihnachtlich geschmückt früher die hier das Fest feiernden Amerikaner erfreute. Und der in Gegenwart und Zukunft ein weiteres Schweinfurter Überbleibsel aus der vergangenen US-Zeit bleiben wird.

Adresse Ledward Barracks 206, 97421 Schweinfurt | **ÖPNV** Stadtbus 24, Haltestelle Campus | **Anfahrt** keine Parkplätze direkt am Tor | **Tipp** Die neu angelegte Carus-Allee verbindet auf dem ehemaligen Ledward-Gelände den Westen mit dem Osten. Die Stadt Schweinfurt ließ sich diesen Boulevard, der 2020 fertiggestellt wurde, ein paar Millionen Euro kosten. Witzig sind die zwei auf einem Basketballfeld gepflanzten Bäume.

75 Das Naturschutzgebiet Saumain

Warum Schweinfurt drei Inseln hat

Wer weiß, dass die Stadt Schweinfurt zentrumsnah gleich drei Inseln zu bieten hat? Nun ja, »Maininsel« ist ja eine gängige Adresse, darauf befinden sich unter anderem ein Hotel, das Konferenzzentrum und eine Pflegeeinrichtung. Doch es gibt auch noch die Böckleinsinsel weiter östlich mit einer Mühle und aufgrund der Schleuse eine von Gutermann-Promenade und Maxbrücke aus gut sichtbare, leider nicht mehr betretbare Insel. Inseln sind es deshalb, weil ein Altarm des Mains existiert. Und der heißt mitsamt einem Naturschutzgebiet Saumain.

Was namentlich natürlich bestens passt zur Stadt Schweinfurt. Tierisch »startet« dieser Flusslauf nach einem Damm bei den Wehranlagen: am sogenannten »Elefantenbuckel«. Südwestlich der Marienbrücke hat dieser Saumain drei weitere kleine Inseln, bevor er am Hutrasen vorbeifließt und dann wie auch das Wasser der Schleuse wieder im Hauptlauf des Mains zusammenkommt. Und durch die Ludwigsbrücke hindurch fließt Wasser vom Sennfelder See aus dem Osten kommend in diesen Saumain hinein.

Das Areal dort gehört zum fast zwölf Hektar großen Naturschutzgebiet mitten in der Stadt. Um die 30 seltene Insektenarten sollen hier beheimatet sein, ebenso besondere Vogelarten und diverse Pflanzen. Was natürlich bedeutet, dass ein Betreten der Wildnis weitestgehend nicht erlaubt ist. Sogar verboten! Und deshalb müssen die Schweinfurter den Gehsteig von Max- und Marienbrücke nutzen für einen Blick auf den Saumain, der für viele jüngere Bürger sicherlich ein Fluss und ein Gebiet ist, was sie als solches wohl eher weniger kennen.

»Saumain« mag dabei freilich eine ungerechte Bezeichnung sein. Was negativ klingt oder im besten Fall Gedanken an in Schweinfurt erfundene Schlachtschüsseln oder Wiener Schnitzel hervorruft, ist in Wahrheit eine Rückkehr zur Natürlichkeit mitten in der Stadt.

Adresse im Bereich der I. Wehr 4, 97424 Schweinfurt | ÖPNV über die Maxbrücke von der Innenstadt schnell erreichbar, ansonsten Bus 81 bis 83, Haltestelle Wehr | Anfahrt Parken in den Wehranlagen | Tipp Wie wär's mit einer Runde Minigolf auf der Anlage am Ufer? Das Bahnengolfzentrum Schweinfurt bietet jeweils 18 Beton- wie auch Eternitbahnen und richtete 2017 die Bayerische Meisterschaft aus.

76_Der Ort der 40.000 Monster

Als Festivalfans auf Verkehrsinseln zelteten

Samstag, der 27. August 1988: ein noch immer bemerkenswertes Datum für die Stadt Schweinfurt. Denn da waren die Monster zu Gast. Rund 40.000 davon sogar. Das legendäre »Monsters-of-Rock«-Musikfestival machte Station. Und zwar auf den pickepackevollen Mainwiesen etwas außerhalb des Zentrums. Und nicht dort, wo in den Jahrzehnten danach Open-Air-Konzerte mit Pur, Peter Maffay, den Backstreet Boys, Herbert Grönemeyer oder den Toten Hosen stattfanden: im Sachs-Stadion, in das halt nur halb so viele Menschen passen.

Am besagten Tag war Schweinfurt bundesweit in den Schlagzeilen und landete sogar um 20 Uhr in der »Tagesschau«. Weniger aufgrund der auftretenden Bands wie Iron Maiden und Kiss oder Sänger David Lee Roth. Anthrax, Great White und Treat hießen die anderen Hardrocker. Was für ein Line-up für eine damals mausgraue Industriestadt! Irgendwie hatten die Verantwortlichen aber unterschätzt, was so viele Besucher bewirken würden. Viele, vielleicht die meisten, kamen bereits am Vorabend, schlugen teilweise einfach mal so ihre Zelte auf Verkehrsinseln (!) auf. Auch auf der Brücke, unter der die Bühne aufgebaut war. Langhaarige mit Lederjacken bevölkerten Schweinfurt, und irgendwie schien man darauf gar nicht richtig vorbereitet gewesen zu sein.

Musikalisch verlief alles klasse. Erwachsene Unterfranken sprechen noch heute vom geilsten Konzert der Stadt. Wer heute den Main-Radweg entlangradelt und unter der Hahnenhügelbrücke rechts ein paar sanfte Wiesen sieht, wird sich kaum vorstellen können, dass hier mal die »Monster« rockten. In der heutigen Zeit wäre es aus Sicherheitsgründen nahezu undenkbar, auf so einem Areal direkt am Fluss ein riesiges Open-Air-Festival mit so vielen Menschen zu veranstalten. Umso sehenswerter ist der damalige Ort des Geschehens, heute relativ still.

Adresse 97424 Schweinfurt, unterhalb der Brücke der B 286 | **ÖPNV** Bahnhalt Schweinfurt Mitte, von hier ist's zu Fuß rund ein Kilometer | **Anfahrt** Parken an der Uferstraße bei der Großindustrie | **Tipp** Im ZF Kesselhaus in der Ernst-Sachs-Straße 62 finden jährlich Konzerte des Nachsommers statt.

77__Der Pfisterpark

Hier tagt das Walpurgisgericht

An 364 Tagen im Jahr ist das eine ganz normale Grünanlage, aber durchaus sehenswert. Nun gut, einige Zeit vorher muss auf- und dann auch wieder abgebaut werden. Doch mit dem Walpurgisgericht verwandelt der Pfisterpark im Schweinfurter Stadtteil Oberndorf einmal im Jahr ganz gewaltig sein Gesicht.

Zu einem mittelalterlichen Markt veranstaltet der Bürger- und Kulturverein Oberndorf seit ein paar Jahren immer am Fronleichnams-Donnerstag ein Familienfest, das mit einem Umzug durch die Oberndorfer Hauptstraße beginnt und zu Minnesang und Lautenklang auch ebendiese Gerichtsverhandlung bietet, natürlich mit einem erfundenen Fall zum Verhandeln und stets keiner Verurteilung zur Höchststrafe, sondern viel Spaß.

Den haben vor allem auch die Kids, denn von Ponyreiten über Blasrohrschießen bis zum Stelzenlaufen sind Attraktionen garantiert – und das zur Musik der Barden sowie allerlei kulinarischen Leckereien, die der Besucher dann natürlich nicht mit Euros, sondern mit Talern bezahlt.

Nun ist es aber nicht so, dass der Pfisterpark, benannt nach dem Oberndorfer Kaufmann Christian Friedrich Pfister, Gründungsmitglied zudem des benachbarten Sportvereins TV Oberndorf und der freiwilligen Feuerwehr im Stadtteil, nur an Fronleichnam einen Besuch wert wäre. Die Anlage mit den schattenspendenden Bäumen, einem überdachten Sitz-Rondell und einem großen Spielplatz nicht nur für die Kids aus der Nachbarschaft eignet sich bestens für eine erholsame Zeit auch abseits des Walpurgisgericht-Trubels. Oder vielleicht sogar gerade dann.

Und das Event dauert ja ohnehin nur einen einzigen Tag im Jahr. Gut für die Besucher des anliegenden Friedhofs, der schon seit Jahren – zum Glück – darauf wartet, dass beim Walpurgisgericht mal jemand zum Tode verurteilt wird. Nach drei Jahren der Pandemie-Zwangspause freuen sich die Schweinfurter auf die Rückkehr ab 2023.

Adresse Schulgasse, 97424 Schweinfurt-Oberndorf | **ÖPNV** Stadtbus nach Oberndorf, Haltestelle Kornstraße | **Anfahrt** Parkplätze ausreichend vorhanden | **Tipp** Die Gaststätte des TV Oberndorf befindet sich gleich nebenan. Wer also hierherkommt, wenn gerade kein Walpurgisgericht stattfindet, kann in der Nachbarschaft lecker essen – und im Sommer Spiele der Faustball-Bundesliga anschauen.

78 Der Rossmarktbrunnen

Phönix aus der Asche neben der Glücksgöttin

1986 war es, als einer der detailreichsten Brunnen der Stadt Schweinfurt entstand. Peter Vollert, geboren 1940, ein Bildhauer aus Üchtelhausen im Landkreis, erschuf den Rossmarktbrunnen im ehemaligen Bürgerhof der Reichsstadt.

»Sparkassenbrunnen« wird er seitdem auch genannt, weil er sich direkt vor dem Eingang des Hauptsitzes des Geldinstitutes befindet. Und das logiert in einem Renaissancegebäude, das früher mal als Lagerhaus, Markthalle oder sogar Arsenal diente. Wechselweise, laut Schweinfurter Stadtgeschichte. Arsenal: Also befand sich hier mal eine Waffenkammer!

Die zahlreichen Bronzefiguren des Brunnens haben mit dieser Geschichte zu tun und erinnern daran. Es gibt fünf verschiedene Motive mit Bezug zur Vergangenheit und zu dem Ort, an dem der Brunnen sich nun befindet. Man sieht ganz vorne die Glücksgöttin Fortuna mit einem Füllhorn. Über ihr tragen zwei Figuren Säcke nach oben. Zwei Bürger mit einem Glas und einem Becher in der Hand symbolisieren rechts, dass sich hier mal das Wirtshaus zur Schranne befand. Prost und wohl bekomm's!

Über ihnen soll ein aus der Asche aufsteigender Phönix darstellen, dass sich die Stadt Schweinfurt immer wieder von zeitgeschichtlichen Tragödien erholt hat, letztmals nach dem Bombardement des Zweiten Weltkriegs. Und weil sich unweit des kreisförmig angelegten Brunnens mit seinem von kleineren Kaskadenstufen unterbrochenen Wasserlauf auch mal der echte Rossmarkt befand (längst zum Busbahnhof modernisiert, aber noch unter demselben Namen), stehen links zwei Pferde vor einem Baum.

Ein genaues Hinschauen lohnt sich also. Nicht nur für die Kunden der Sparkasse, sondern auch für vorbeilaufende Fußgänger. Doch nur mit dem nötigen Hintergrundwissen erklären sich auch die Ambitionen des Künstlers Vollert, der mit viel Liebe zum Detail diese einzelnen Figuren erschaffen hat.

Adresse Roßmarkt 5–9, 97421 Schweinfurt | ÖPNV direkt am Busbahnhof gelegen | Anfahrt Parkplätze in den umliegenden Parkhäusern | Tipp Das Dach des Busbahnhofs Roßmarkt sollte man sich mal genauer betrachten. Es sieht ein bisschen so aus wie die kleine Variante des Zeltdachs über dem Münchner Olympiastadion.

79 Das Rückert-Denkmal

Der oft einzige Marktplatz-Gast

So komisch das klingen mag, aber den Mittelpunkt des durchaus mit beachtlichen Maßen ausgestatteten Marktplatzes nehmen die Schweinfurter gar nicht mehr so richtig zur Kenntnis. Und dabei thront dort doch seit bereits 1890 der vielleicht berühmteste Sohn der Stadt: Dichter Friedrich Rückert, 1788 in einem Haus an der südöstlichen Ecke des Platzes geboren, 1866 bei Coburg verstorben.

Das bronzene Denkmal des zudem als Orientalist bekannten Poeten zeigt Rückert natürlich ganz oben sitzend. Ihm zu Füßen haben Architekt Friedrich Ritter von Thiersch und Bildhauer Wilhelm von Rühmann zwei Figuren aus seinen Gedichten erschaffen. Sie tragen die irgendwie komisch klingenden Namen »Geharnischte Sonette« und »Weisheit des Brahmanen«.

Und da sind wir auch gleich beim Thema: Wetten, dass neun von zehn Passanten auf dem Marktplatz weder ein Werk Rückerts kennen noch einen Vers aus seinen Gedichten? Sofern man denn überhaupt abseits der Geschäftszeiten auf Leute trifft. Gut, werktags ist der Platz ganz ordentlich belebt, wenn die umliegenden Läden geöffnet haben. Bei schönem Wetter sitzen die Schweinfurter schon auch mal gern auf den aufgestellten Bänken rund um das Denkmal. Es ist auch einiges los beim Stadt- oder Weinfest oder an den Markttagen, wenn die Bauern an der südlichen Seite ihr Gemüse verkaufen. Oder in der vorweihnachtlichen Zeit mit den vier Wochen Marktbetrieb vor allem an den Glühweinbuden.

Oft aber, gerade zur dunklen Jahreszeit außerhalb des Dezembers, sitzt der gute alte Rückert, der nur seine Jugendjahre in Schweinfurt verbrachte, zu oft ziemlich allein auf seinem Stuhl und beobachtet die Stadttauben, die nach Nahrung suchen. Zumindest blickt Friedrich auf das Rathaus in Richtung Süden und damit auf das eindeutig schönste Gebäude des Häuser-Ensembles. Aber ob ihn das so richtig glücklich macht? Er hat inzwischen sicher mehr als genug Rathaus-Gedichte ersonnen.

Adresse Marktplatz, 97421 Schweinfurt | ÖPNV Vom Busbahnhof Roßmarkt sind es 400 Meter und fünf Minuten zu Fuß. | Anfahrt Parkhaus Georg Schäfer-Museum | Tipp Auch die Johannis-Kirche nördlich des Marktplatzes ist sehenswert. Die evangelisch-lutherische Pfarrkirche steht auf dem Martin-Luther-Platz, auf dem immer mal wieder kleine Feste wie beispielsweise die Johannis-Kirchweih stattfinden.

80_Die Sachs-Gruft

Wo Ernst und Willy begraben liegen

Kann ein Grab eine Sehenswürdigkeit sein? Ja, erst recht dann, wenn es sich sogar um eine echte Gruft handelt. In Schweinfurt auf dem Hauptfriedhof etwas versteckt in einem hinteren, älteren Teil im Nordwesten befindet sich die letzte Ruhestätte von Ernst Sachs (gestorben 1932) und seinem Sohn Willy Sachs (nahm sich 1958 das Leben).

Beide leiteten das von Ernst gegründete Unternehmen Fichtel & Sachs (später Mannesmann, heute ZF), das in erster Linie für die Fertigung von Kleinmotoren, Fahrradnaben, Kupplungen und Stoßdämpfern stand und steht. Ernst Sachs erfand den Fahrradfreilauf und die Rücktrittbremse. Er spendierte den Schweinfurtern ein nach ihm benanntes Bad, inzwischen längst zu einer Kunsthalle umgebaut, sein Sohn Willy ist der Gönner das Stadionareals.

Das bekam ebenfalls den Namen des Stifters und lockte mit den Heimspielen der Schweinfurter Schnüdel in früheren Zeiten einige Male um die 20.000 Zuschauer an. Durch seine Nähe zur NS-Diktatur heißt es inzwischen nur noch »Sachs-Stadion«. Den »Willy« hatten sich die Schweinfurter in mehreren Initiativen weggewünscht, letztlich stimmte der Stadtrat nach heftigen Kontroversen im Jahr 2021 zu.

Fünf Jahrzehnte zuvor liebten die Bürger ihren »Konsul«, Vater von Playboy Gunter Sachs, der sich ebenfalls selbst das Leben nahm. Zur Beerdigung 1958 von Willy sollen stadiontaugliche 20.000 Menschen gekommen sein. Unvorstellbar, wie es gelungen sein muss, diese Menschenmassen auf dem Friedhof unterzubringen.

Heute kennen wohl nur noch die alten Schweinfurter die Geschichten der Sachs-Dynastie. Und wissen wohl eher nicht, dass das größte Grab des Friedhofs auch dessen Wahrzeichen ist. Grund ist die riesige Christusfigur mit dem Heiligenschein und den nach oben gehobenen Händen. Klein-Rio in Schweinfurt. An einem Ort, an den es Touristen auf der Suche nach Sehenswürdigkeiten eher weniger zieht.

Adresse Am Friedhof, 97424 Schweinfurt | ÖPNV Stadtbus 32, Haltestelle Rhönstraße | Anfahrt Parkplätze ringsum | Öffnungszeiten tagsüber | Tipp Als Kontrastprogramm bietet die Neue Schranne in der Friedhofstraße verschiedene Biersorten an. Passt zwar nicht unbedingt zu einem Friedhofsbesuch, doch das Kultlokal befindet sich in unmittelbarer Nähe und bietet auch eine gute Küche.

81 Die Sachs-Villa

Auf den Spuren von Brigitte Bardot

Gunter Sachs, auf Schloss Mainberg geboren und 2011 in Gstaad gestorben, galt als Playboy, war in seinen späteren Jahren als Fotograf und Kunstsammler bekannt, stammte als Sohn von Willy Sachs aber in erster Linie aus einer Industriellenfamilie, die mit der Fichtel & Sachs AG in Schweinfurt ein großes und über die Grenzen der Region hinaus bekanntes Unternehmen führte. Gunter Sachs hatte, obwohl er lange als stellvertretender Vorsitzender im Aufsichtsrat fungierte, kein sonderlich großes Interesse an der Firma.

Bekannt machten ihn in jungen Jahren Beziehungen zu Frauen, beispielsweise zur Ex-Kaiserin Soraya. Mit der französischen Filmschauspielerin Brigitte Bardot war Sachs sogar rund drei Jahre lang verheiratet. Mit ihr soll er teilweise in Schweinfurt in der sogenannten Sachs-Villa gelebt haben. Die befindet sich in der Nähe des Leopoldina-Krankenhauses und nun wieder in Privatbesitz.

Beim neuen Eigentümer stehen auch heute noch ab und zu Leute vor der Tür, die einen Blick erhaschen wollen auf das Haus, in dem einst die frühere Schönheit und Film-Diva aus Frankreich gewohnt haben soll. Viel sehen kann man nicht, weil recht hohe Mauern das Gebäude mit der riesigen Parkanlage blicksicher abriegeln. Privatsphäre ist ja auch zu respektieren. Und so können Neugierige auch nicht nachforschen, ob die Geschichte denn stimmt, dass Gunter Sachs in einen Baum angeblich ein Herz mit den Initialen GS + BB eingeritzt habe.

Vor einigen Jahren stand die Luxusvilla mit den geschätzten 1.300 Quadratmetern Grundstück und 500 Quadratmetern Wohnfläche mal im Mittelpunkt des öffentlichen Interesses. Ein Frankfurter Immobilienunternehmen ersteigerte sie in einer Zwangsvollstreckung gegen den ersten Eigentümer nach dem Verkauf des Unternehmens weit unter dem Wert von angeblich über zehn Millionen Euro. Doch die Kapitalanlagefirma landete wegen mutmaßlichen Betrügereien vor Gericht.

Adresse Friedrich-Seyffert-Straße 14, 97422 Schweinfurt | ÖPNV Stadtbus 52, Ausstieg am Leopoldina-Krankenhaus | Anfahrt Parkplatz in der Straße | Öffnungszeiten in Privatbesitz, nur von außen zu besichtigen | Tipp Der nicht weit entfernte Hirschkeller bietet Erlebnisgastronomie. Dieses Restaurant befindet sich am Stadtausgang Richtung Mainberg. Der frühere Brückenbräukeller stand jahrelang leer, wurde aber 2016 im Stil einer Alm wiederbelebt.

82 Der Schillerplatz

Verewigte Sternzitate zum Brunnen hin

Nein, besonders schön ist der Schillerplatz in Schweinfurt nun wirklich nicht. Vor dem Gerichtsgebäude befand sich einst die Straße in westlicher Richtung SKF, seitlich standen Parkplätze zur Verfügung. Auch damals schon gefiel das Areal den Stadtoberen nicht sonderlich. Weshalb man die Chance nutzte, als die alten Hallen der Schwedischen Kugellagerfabriken abgerissen wurden und an dieser Stelle im Westen der City das ECE-Einkaufszentrum namens Stadtgalerie entstand.

Fortan sollte die über den Jägersbrunnen ausgehende Fußgängerzone über eine Art Prachtboulevard mit dem neuen Shopping-Tempel verbunden werden. Anfangs fuhr sogar ein Bummel-Bähnchen die Besucher vom Marktplatz zu dieser Stadtgalerie. Unweit des Einkaufstempels entstand 2009 der neue Schillerplatz, mit noch weniger Grün als zuvor, nun aber mit einem Brunnen nicht wirklich richtig in der Mitte und der Möglichkeit, autofrei zu flanieren.

Ringsum stehen ein paar Bänke zum Verweilen. Den wenigsten Menschen wird beim Laufen oder Sitzen jedoch seitdem aufgefallen sein, dass von dem Brunnen ausgehend sternförmig Sprüche von Friedrich Schiller in den Boden eingelassen sind. Selbst beim genaueren Hinsehen mag man sich schwertun beim Lesen.

Aber nicht nur Freunden des Dichters sei empfohlen, sich auf die Suche zu machen nach Versen (und nicht Fersen, auch wenn man beim Blick nach unten darauf schaut …) wie »Von der Stirne heiß, rinnen muß der Schweiß«, »Wo rohe Kräfte sinnlos walten, da kann sich kein Gebild gestalten« oder »Drum prüfe, wer sich ewig bindet, Ob sich das Herz zum Herzen findet«. Vom Brunnen aus langsam rückwärts laufend mit den Augen nach unten gerichtet, so ist das möglich … Auch wenn es albern aussehen mag.

Was man trotzdem beim Suchen nicht findet, ist irgendwelches Grün auf dem Schillerplatz zur Verbesserung des Klimas. Wetten, dass dem Dichterfürsten viele Bäume gefallen hätten?

Adresse Schillerplatz, gleich neben dem Gerichtsgebäude, Rüfferstraße 1 in 97421 Schweinfurt | **ÖPNV** Zu Fuß sind es 400 Meter vom Busbahnhof Roßmarkt und 200 Meter vom Bahnhalt Mitte. | **Anfahrt** Parkhaus der Galeria Kaufhof auf der anderen Straßenseite | **Tipp** Das Eiscafé Eisgeliebt am Schillerplatz soll das beste in der Stadt sein. Zumindest wird behauptet, dass es hier das leckerste Eis gibt.

83 Der Schneewittchensarg

Zum Glück liegt niemand drin

Na gut, »Schneewittchensarg« ist schon ein eher böser Begriff für das, was in Schweinfurt gläsern den Paul-Rummert-Ring, den Teil der viel befahrenen Hauptstraße rund um die Innenstadt, von dem Platz am Hauptzollamt und dem Ebracher Hof mit der Stadtbücherei abgrenzt. Die beiden Gebäude dahinter sind neu gebaut beziehungsweise saniert und gelten zusammen mit dem nicht jedem aus architektonischer Sicht gefallenden Beton-Monster des Georg Schäfer Museums als überaus markantes südliches Eingangstor der Schweinfurter Fußgängerzone.

Dort, wo einst das Brückentor stand, eines von vieren, die es früher mal in der noch historischen Stadt vor den Bomben des Zweiten Weltkriegs gab. Das Ensemble ist das Sinnbild für den Wandel in Schweinfurt, der in den 1990er Jahren eingeleitet wurde, um der einst mausgrauen Industriestadt zu kulturellem Aufschwung zu verhelfen und auch zu einigem Lob für so manches moderne Bauwerk.

Doch was hat es mit dem lang gezogenen, gläsernen, sich flach dahinziehenden sargähnlichen Gebilde auf sich? Das genau genommen im oder knapp außerhalb des Stadtteil(s) Zürch liegt, dem schönsten Schweinfurts, mit seinen engen Gassen und alten Häusern?

Es ist kein Tunnel mit Fenstern, der im Dunkeln grünlich strahlt, sondern das »Dach« der darunterliegenden Räumlichkeiten der früher im Centrum am Marienbach beheimateten Stadtbücherei. Grimms Märchen kann man sich dort sicherlich auch ausleihen. So gesehen mag Schneewittchen als Bezeichnung also doch sehr naheliegen …

Entstanden ist die 33 Meter lange »Laterne«, so der echte Name, im Zuge der Sanierung des Ebracher Hofs, der zur Rittergasse hin ein kleines Altstadthotel mitsamt einer Gastronomie und im Innenhof einen wunderschönen Biergarten bekam. Die Laterne folgt dem Lauf der in diesem Bereich nicht mehr erhaltenen Schweinfurter Stadtmauer. Die leuchtete früher natürlich nicht. Noch nicht mal abends.

Adresse Brückenstraße 29, 97421 Schweinfurt | ÖPNV Zu Fuß sind es wenige 100 Meter vom Bahnhalt Stattbahnhof und vom Busbahnhof. | Anfahrt Parkhausgarage im Museum Georg Schäfer | Tipp Am Unteren Wall sieht man noch die Stadtmauer mit ein paar Türmchen, von denen eines ein kleines Weinlokal beherbergt.

84__Die Schuttberg-Grünanlage

Ein Parkhügel auf Kriegstrümmern

Geheimtipps müssen ja nicht zwingend einladend sein und quasi mit einer Willkommensfahne symbolisch zum Besuch animieren. In Schweinfurt gibt es etwas abseits des Zentrums neben der Berufsschule und dem Walther-Rathenau-Gymnasium und zwischen der Ignaz-Schön- und der Fritz-Drescher-Straße eine Grünanlage. Die heißt Schuttberg, und das aus gutem Grund: Nach dem Zweiten Weltkrieg wurde hier der Bauschutt der Kriegstrümmer des arg zerbombten Schweinfurt abgeladen. Das war so viel, dass dieses in etwa rechteckige Areal eine doch recht beachtliche Höhe bekam.

Nun gut, ein echter Berg ist's nicht geworden. Aber ein Hügel. Auf dem in einem echten Winter mit Schnee die Kids der Stadt schon mal ihren Spaß beim Rodeln haben können. Wer runtersaust, landet teilweise auf dem Pausenhof der Rathenau-Schulen. Während unterhalb der Erhöhung die Anlage parkähnlich mit vielen Blumen gestaltet wurde, wechseln sich oben Rasenflächen und karge Böden bei mal mehr, mal weniger üppiger Bewachsung ab.

Wege und Treppen führen auf und ab, Spaziergänger können rundherum laufen oder auch im Zick-Zack-Kurs. Oben könnte ein kleines und durchaus picknicktaugliches Rasenplateau mit freiem Blick auf die Sternwarte des Gymnasiums sogar recht einladend sein. Doch immer wieder kämpft die Stadt gegen den zurückgelassenen Müll der meist jugendlichen Besucher. Ältere Menschen sieht man hier eher selten.

Vielleicht weil sie wissen, dass es diese Anlage besser mal nicht geben würde. »Die wiedererstandene Stadt schuf diese Grünanlage über den hier aufgehäuften Trümmern der in schweren Luftangriffen des Zweiten Weltkrieges 1939–1945 zerstörten Stadt Schweinfurt«, steht mahnend in roter Schrift auf einem 1960 auf dem Schuttberg aufgestellten Stein. An einem Ort, der nur bedingt wirklich schön ist, der zur Landesgartenschau 2026 aber aufgewertet werden sollte …

Adresse Am Schuttberg, 97421 Schweinfurt | ÖPNV Stadtbus 24 und 25, Ausstieg Ignaz-Schön-Straße | Anfahrt Parkplätze vor der Tür | Tipp Die Sternwarte im benachbarten Walther-Rathenau-Gymnasium veranstaltet ab und an offene Abende für Interessierte.

85__Die Schweine im Stadtgebiet

Als sich die Stadt zu ihrem Tier bekannte

2006 war es, als sich die Stadt endlich zu ihrem Tier im ach so schweinischen Namen bekannte. Initiator Peter Galm, der zuvor lange Jahre Vorsitzender der Schweinfurter Fußball-Schnüdel war und hauptberuflich in einer Bank arbeitete, sorgte für eine Big Art Action und eine Schweine-Parade. Diverse Künstler fertigten fast 70 menschengroße Eber an, allesamt sitzend oder stehend und teils kunterbunt, gesponsert von Unternehmen und an einem schönen Tag im Rahmen eines Festes vor dem Rathaus auf dem Marktplatz vor einer riesigen Menschenmenge präsentiert.

Die Kunstfiguren wanderten im Anschluss an das Fest zu ihren Gönnern, die sie teils zu Hause aufstellten, oft aber auch vor der eigenen Firma. Und so ist's eigentlich eine schöne Aufgabe für Interessierte, nach der ein oder anderen Sau nicht nur im Stadtgebiet zu suchen. Namen bekamen die Tiere allesamt. So entstand ein Datentransfer-kel, zu sehen danach bei einem EDV-Haus, die Figur Sau'gscheit der Industrie- und Handelskammer, Miss Pilly für eine Apotheke, der männliche Pigobello einer Wäscherei, Pigasso für eine Schreinerei, PigMäc für einen Schnellimbiss.

Ein Kunststoffaufbereiter ließ Albert Schweinstein anfertigen, eine Rechtsanwaltskanzlei ein Paragrafenschwein, ein Mineralstoffhändler ein Tanksäu-le. Die Schweinfurter zeigten sich mal so richtig kreativ, was man von ihnen vorher eigentlich gar nicht so richtig kannte.

Die vielleicht am schnellsten ins Auge stechende Kunstfigur finden die Touristen direkt vor dem Rathaus und dem Eingang zur Tourismus-Information. Man sieht sie schon von der Mitte des Marktplatzes. Und wer ansonsten in der Stadt unterwegs und an dem Thema interessiert ist: Einfach die Augen offen halten und nach Schweinen suchen! Der Vorteil – auch für Veganer – ist allemal: Sie sind Kunstwerke, riechen nicht streng und sehen sogar richtig süß aus.

Adresse Das Touri-Schwein steht vor dem Rathaus, Markt 1 in 97421 Schweinfurt. | **ÖPNV** Alter Bahnhof und Busbahnhof befinden sich in der Nähe. | **Anfahrt** Parkhaus Museum Georg Schäfer | **Tipp** Besonders schön ist auch das Schwein vor der SWG Stadt- und Wohnbau GmbH in der Klingenbrunnstraße 13, 97422 Schweinfurt.

86 Der Stadtteil Zürch

Schweinfurts romantisches Kleinod

Nein, nicht falsch gelesen: Es heißt Zürch! Das »i« für die Schweizer Stadt fehlt genauso bewusst, wie das »ü« mit den beiden Punkten den Unterschied ausmacht zu einer Versicherung. »Zürch« hat man irgendwann mal einen Teil der Schweinfurter Altstadt genannt, der als südöstliches Quartier wohl das Romantischste ist, was man in Schweinfurt finden kann. Wenn man es als Auswärtiger denn überhaupt finden will.

Im Osten grenzt eine Stadtmauer mit Wall den Stadtteil ab, im Nordosten ist es das historische Rathaus, im Süden das Museum Georg Schäfer und der Ebracher Hof. Egal, ob Ritter-, Burg-, Linsen- oder Frauengasse: Im Zürch ist die Zeit stehen geblieben, und es lohnt sich ein Bummeln durch die Enge. Auch wenn hier zwangsweise niemand durchlaufen muss, um irgendwo anders hinzukommen. Brücken- und Rückertstraße heißen die gängigeren, daran vorbeiführenden Wege der Fußgängerzone. Mit weitaus mehr Passanten.

Das Zürch ist ein Stadtteil abseits. Hier gab es früher sogar mal zwei Brauereien, an die »Wallbräu« erinnert heute noch ein Hinweisschild an den Treppenaufgängen im Bereich der Rückertstraße. Auch das Filmtheater »Weltbio« mit dem noch immer größten Saal der Stadt gehört zum Zürch. Jüngere Leute besuchen eher die modernere Filmwelt etwas abseits.

Das Quartier ist als Quadrat an allen Seiten rund 200 Meter lang. Die Barockkirche St. Salvator steht für das gesellschaftliche Leben, und der Bürgerverein veranstaltet einmal im Jahr eine traditionelle und höchst beliebte Kirchweih in den engen Gassen dieses herrlichen Altstadt-Bezirks. In dem sich ein halbwegs bekanntes Denkmal befindet: ein Schweinehirt und seine Tiere. Die Statuen stehen dort, wo Ritter-, Frauen- und Burggasse aufeinandertreffen. Der Tourismusverband weiß: »Mit der Hand die Schweineschnauze rubbeln bringt Glück und ist bei Kindern und Erwachsenen beliebt.«

Adresse Die Kirche befindet sich in der Frauengasse 1, 97421 Schweinfurt. | **ÖPNV** Schon am Marktplatz beginnt der Stadtteil. | **Anfahrt** Parken im Parkhaus Rückert-Centrum | **Tipp** Der überdachte Skateplatz unter dem Paul-Rummert-Ring ist in erster Linie was für Jugendliche.

87 Der Taubenturm

Schweinfurts erstes Fünf-Sterne-Hotel

Es war einmal … eine lange Diskussion im Schweinfurter Stadtrat zum Thema Tauben in der Kernzone. Gegen das Verbot, sie zu füttern (damit sie sich nicht weiter vermehren), gab es von Tierschützern Proteste und eine langwierige Initiative, vielleicht durch betreute Taubenschläge die Population zu kontrollieren. Durch fehlendes Futter mangels Frequenz in der Innenstadt und Krümel zu Boden werfende Bürger verendeten gerade in den Corona-Wintern viele Tiere.

Jedenfalls gingen alle zu prüfenden Ideen für Umsetzung und Standorte vor allem zwei Stadträten nicht schnell genug. Dr. Ulrike Schneider und Stefan Labus legten sich besonders ins Zeug, um den Tauben zu helfen. Schneider war schließlich und endlich Schirmherrin bei der Einweihung des »Tauben-Hotels« mit einem zünftigen Fest, das Labus von einer Zimmerei aus dem Landkreis hatte bauen lassen. Das erste von vielleicht mehreren geplanten.

Es ist ein vierstöckiger Turm für Tiere, der sogar zur Luxus-Klasse gehört. Jedenfalls wurde das Hotel sogar mit – Spaß! – fünf Sternen ausgezeichnet. Natürlich auch deshalb, um die am Wohl der Tiere eher mäßig interessierte Schweinfurter Stadtverwaltung ein wenig zu ärgern.

Zur Eröffnung kamen alle Unterstützer zu einem großen und fast ganztägigen Fest. Und nun soll der Turm, soll das Hotel dauerhaft Tauben beherbergen, die bei der Einweihung noch scheu waren, danach ihr neues Quartier aber zunehmend annahmen. Und das liegt im sogenannten Grüngürtel Schweinfurts.

Das wiederum ist die idyllische Verbindung in oder am Rande der Stadt vom Obertor bis zum Main, vom Motherwellpark über das Rückert-Centrum bis zum Unteren Wall. Am Philosophengang gleich neben einem kleinen See mit einem Spielplatz und neben dem Kindergarten direkt im Anschluss an das Großkino der Filmwelt befindet sich das Fünf-Sterne-Taubenhotel. In recht ruhiger Lage abseits großer Verkehrsflüsse. Möge es den Tieren dort dauerhaft gefallen.

Adresse Philosophengang, 97421 Schweinfurt | ÖPNV Vom Busbahnhof sind es zu Fuß 900 Meter. | Anfahrt Parkhaus am Oberen Marienbach | Tipp Wie wär's mit einer Einkehr im Restaurant RückHertz? Das befindet sich im benachbarten Rückert-Centrum gleich neben dem Filmwelt-Kino und steht stellvertretend für eine anspruchsvollere Gastronomie.

88 Das Tor der Wünsche

Für eine Zwei in Mathe muss man hierher!

Mit »Stargate« begann die Hollywood-Karriere des schwäbischen Regisseurs Roland Emmerich. Durch ein antikes Tor kann man im Film durch ein Wurmloch auf einen weit entfernten Planeten reisen. Reine Fiktion. In Schweinfurt gibt's tatsächlich ein Tor der Wünsche. Wer es durchläuft und ganz fest daran glaubt, das etwas passiert, was man unbedingt möchte, dem soll es schon hin und wieder das Ersehnte gebracht haben. Angeblich.

Das Tor der Wünsche befindet sich im nördlichen Teil des Wildparks, der neben den bekannten Groß-Attraktionen eben auch solche kleine Highlights zu bieten hat, die nicht unbedingt bekannt sind und an denen die Besucher auch schon mal leicht vorbeilaufen. Nahe der Gaststätte des TV Jahn Schweinfurt auf dem Weg zu Eulen, Uhus oder der Storchenanlage steht da auf einmal dieses offensichtlich steinerne Portal zum Hindurchmarschieren. Es besteht die Gelegenheit, in einen angehängten Kasten einen beschrifteten Zettel mit dem Wunsch einzuwerfen.

Es geht natürlich nicht nur um Materielles wie eine Modelleisenbahn zu Weihnachten. Am Zaun gegenüber haben die Verantwortlichen für den Park diverse Wünsche aufgelistet, die bereits geäußert wurden. Darunter durchaus Berührendes, wenn die kranke Mutter doch wieder gesund werden möge. Auch »Weltfrieden« oder »schöne Zähne« werden gewünscht. Oder dass doch bitte mal wieder ein anderer Verein als Bayern München Deutscher Fußballmeister wird. Ein Wunsch lautete: »Ich möchte ein Boot aus Holz bauen!« Na gut, das wäre im Wildpark mit seinem See und den Bäumen vielleicht machbar …

Doch selbst so etwas einfach Klingendes wie eine gute Schulnote in Mathematik kann so ein geformter und verzierter Bogen zum Durchlaufen sicherlich nicht ohne ein Zutun des Wünschenden realisieren. Träumereien erfüllt wohl eher Hollywood. Aber für den ein oder anderen ist dieser Platz in Schweinfurt halt trotzdem zu einem Hoffnungsort geworden …

Adresse Ernst-Paul-Straße 6, 97422 Schweinfurt | ÖPNV Stadtbus 51, Ausstieg am Wildpark | Anfahrt Parkplätze in der Albin-Kitzinger-Straße | Tipp Gleich nebenan zeigt der TV Jahn Schweinfurt am Wochenende meist attraktiven Fußball. Aktuell ist er nach dem FC Schweinfurt 05 und den Freien Turnern Schweinfurt im Ranking der Stadt als Kreisligist die Nummer drei.

89 Die unbegehbare Maininsel

Röhren-Anker auf einem Fußballfeld

Am besten sieht man sie von oben auf der Maxbrücke auf halber Strecke bei der Überquerung zu Fuß auf dem westlichen Gehsteig: die zweite Maininsel neben der eigentlichen. Die eigentliche ist die mit dem Konferenzzentrum und dem Hotel, auf der anderen Seite der Maxbrücke verlängert zur Cramer Mühle. Diese Insel heißt deshalb so, weil sie zwischen dem Main und dem Saumain als Nebenfluss liegt.

Allerdings ist die Maininsel, um die es hier in diesem Kapitel geht, die wirkliche, weil sie mitten im Main liegt, noch dazu an einer zentralen Stelle und näher an der Innenstadt und der Flaniermeile Gutermann-Promenade direkt am Fluss. Nur: Diese Schleuseninsel ist bei all ihrer naheliegenden Schönheit eine touristisch nicht genutzte, weil es keine begehbaren Wege auf ihr gibt. Höchstens Vögel fliegen auf sie.

Von oben sieht man die Hinweisschilder für die Schiffe, die nach links fahren sollen zur Schleuse, während es nach rechts zur kleinen Bootsschleuse bei der Staustelle am Elektrizitätswerk mit dem daher künstlichen Wasserfall geht.

Was man noch sieht: den sogenannten Anker, eine abstrakte Skulptur aus Chromnickelstahl-Röhren, die – von der Brücke gesehen – hinter einem von oben gefühlt fußballfeldähnlichen Rasenrechteck steht. Das mittlerweile verstorbene Berliner Bildhauer-Ehepaar Matschinsky-Denninghoff hat sie erschaffen, der Kunstverein Schweinfurt e. V. suchte sich dafür einen Platz aus, der auch gewisse Vorteile hat: Wer diese Art von Kunst nicht mag, findet auch keine Möglichkeit, sie zu beschädigen …

Die Bildhauer wollten übrigens Anfang des neuen Jahrhunderts für 300.000 Euro ein weiteres Kunstwerk an die Stadt verkaufen. Doch ein Bürgerentscheid verhinderte den Erwerb der Skulptur »Theseus«. Als Gag stellte damals ein Unternehmer vor seiner Firma einen aus Rohren nachgebauten »Rheseus« auf. Allerdings nicht an so populärer Stelle wie auf der Schleuseninsel.

Adresse Maininsel 20, 97424 Schweinfurt | ÖPNV Die Buslinien 61, 62, 81 und 82 halten oberhalb an den Wehranlagen, Haltestelle Wehr. | Anfahrt großer Parkplatz auf der benachbarten Maininsel am Konferenzzentrum | Öffnungszeiten nicht begehbar | Tipp Im Sommer öffnet am städtischen Mainufer der Biergarten »Mole 9«. Von dort, der sogenannten Gutermann-Promenade, hat man den besten Blick auf die Maininsel.

90 Die vergessene Rodelbahn

Großer Spaß – wenn es denn schneit

Eine Eisrinne, wie man sie aus Oberhof oder vom Königsberg kennt oder immer wieder vor allem bei Olympischen Winterspielen bestaunen kann, wenn zumeist die deutschen Rodler oder Bobfahrer viele Medaillen holen, gibt es in Schweinfurt zwar nicht. Aber dennoch eine durchaus beachtliche, leider etwas vergessene Rodelbahn zum in erster Linie natürlich Befahren mit einem Schlitten.

Leider ist das mit dem Schnee in der Stadt halt so eine Sache. Er fällt nicht jeden Winter in großer Menge, bleibt vor allem nicht lange genug liegen, als dass Rodeln in Schweinfurt zu einem echten Trendsport werden könnte. Früher soll es mal den sogenannten »Atomschnee« gegeben haben – durch das 2015 vom Netz gegangene Kernkraftwerk Grafenrheinfeld. Die Bahn ist deshalb die letzten Jahre bis Jahrzehnte ein bisschen arg in Vergessenheit geraten. Auch wenn sie mit dem gesamten Auslauf beachtliche rund 600 Meter lang ist. Dafür nicht sonderlich breit, aber auch nicht wirklich steil.

Doch wer ganz oben startet (sofern denn doch mal Schnee liegt), bekommt ganz schnell eine bemerkenswerte Geschwindigkeit zusammen und rast dann doch auf eine Steilkurve auf etwa halber Strecke zu. Nach Niederschlägen in der kalten Jahreszeit ist das durchaus ein großer Spaß. Ohne weißen Untergrund dominiert hier aber selbst im tiefsten Winter das Laub am Boden und erkennt man die Strecke als Rodelbahn nur dann, wenn man von ihr weiß.

Sie befindet sich Richtung Zell zwischen den Sportanlagen der Turngemeinde 1848 im Westen, dem Freizeitbad Silvana im Süden und dem Wildpark im Osten und ist am besten über letztgenannten und dessen südwestlichen Eingang an der Schermbacherstraße erreichbar. Von dort sind es höchsten 100 Meter links in den Wald hinein, wo der Weg an einem Naturkindergarten vorbeiführt. Und dann auf eine kleine Anhöhe, den Startpunkt, der sogar mit Griffen versehen wurde, wie es sie oben zum Schwungholen an den echten Eisrinnen gibt.

Adresse Am Geheegberg, 97422 Schweinfurt, oder Unterer Eichenweg | ÖPNV Stadtbus 51 zum Ausstieg am Wildpark | Anfahrt am besten bei der TG 48 Schweinfurt auf einem Großparkplatz | Tipp Im Schweinfurter Wildpark finden sich zahlreiche weitere teils unbekannte Attraktionen, noch mehr, als in diesem Buch erwähnt sind.

91 Der versteckte Oberndorfer Turm

Auf Treppen nach oben im Schulgebäude

Bei so manchen Sehenswürdigkeiten stoßen sogar die waschechten Schweinfurter anscheinend an ihre Grenzen. Im Stadtteil Oberndorf steht zwischen der Hauptstraße und dem TVO-Sportgelände unweit des Friedhofs ein markantes Bauwerk mit einem Turm.

Nachfragen bei allen möglichen Einrichtungen laufen aber lange Zeit ins Leere. Egal, ob die Sanierungsstelle der Stadt Schweinfurt, das Liegenschaft- und Stiftungsamt, das Amt für Sport und Schulen, die Stadt- und Wohnbau GmbH oder die Pestalozzi-Schule mit dem Förderzentrum und dem Förderschwerpunkt Lernen sowie die Dr.-Pfeiffer-Grundschule, die sich dort in der Fuchsgasse 1 befinden – niemand weiß so recht, was es mit dem Turm auf sich hat. Der Bürger- und Kulturverein Oberndorf, der nebenan einmal im Jahr sein Mittelalterfest Walpurgisgericht veranstaltet, kann die Frage auch nicht beantworten.

Unzweifelhaft ist das vierflügelige Gebäude durch diesen Turm an der westlichen Seite eine optische Besonderheit, abseits der Verkehrswege gelegen und daher außer bei Lehrern, Schülern und Anwohnern wohl nur wenig bekannt. Das Bayerische Landesamt für Denkmalpflege kann dann aber doch berichten: 1951 entstanden das Gebäude und dieser Treppenturm, wie man ihn an sich eher von Burgen und Kirchen kennt. Oder von Wohnhäusern der Renaissance. Es sei ein oktogonaler, also achteckiger Treppenturm mit Zierfachwerk im Obergeschoss.

Aus vielen der zahlreichen Fenster ist ein Blick auf die benachbarte Kreuzkirche möglich. Die vervollständigt den sehenswerten Teil des ansonsten von viel Industrie geprägten Ortsbilds des ehemals eigenständigen Dorfes Oberndorf, das erst 1919 in die Stadt eingemeindet wurde. Und in dessen viel befahrener Hauptstraße noch einige Lokale zu finden sind, aber immer weniger Fachgeschäfte.

Adresse Fuchsgasse 1, 97424 Schweinfurt | **ÖPNV** Stadtbus 91, Haltestelle Schulgasse | **Anfahrt** Parkplatz beim benachbarten TV Oberndorf | **Tipp** Ein Spaziergang führt an den Main zur Wohnhaussiedlung Am Steinach hinter den Oberndorfer Kleingärten. Hier leben mit Hauptwohnsitz ein paar Schweinfurter direkt am Fluss. Sehenswert und kaum bekannt!

92 Das Vogelkunde-Museum

Im Harmonie-Gebäude Kinder begeistern

Schräg gegenüber, auf der anderen Seite der sogenannten Harmonie-Kreuzung, verkehrsmäßig der absolute Alptraum der Stadt, befindet sich zwischen Innenstadt und Main das im Jahr 2000 vom damaligen Ministerpräsidenten Edmund Stoiber eröffnete Museum Georg Schäfer mit der größten Spitzweg-Sammlung der Welt. Das ist bekannt. Doch das Naturkundliche Vogelmuseum eben schräg gegenüber dürften selbst viele waschechte Schweinfurter nicht kennen.

Hier, im 1833 erbauten Harmoniegebäude, befindet sich eine der bedeutendsten vogelkundlichen Sammlungen Deutschlands. Die Gebrüder Schuler haben sie schon 1892 (!) ihrer Heimatstadt gestiftet. Sie zählt um die 300 ausgestellte Vögel überwiegend aus Europa. In Vitrinen sind sie zu sehen, in denen die künstlichen Biotope so nachgestellt wurden, dass alles sehr realistisch und echt wirkt. Diverse Fotos, Zeichnungen und Texte informieren die Besucher über Schnatterenten, Schwarzbrauenalbatrosse und Papageientaucher oder vermitteln Wissenswertes über die jährlichen Vogelzüge in der Region.

Das am Wochenende, an Feiertagen und auf Anfrage geöffnete Museum im ersten Stock bietet natürlich vor allem jungen Besuchern etwas Lehrreiches. Um den Spaß für Kinder und Familien zu erhöhen, hat sich die Stadt eine Anregung ausgedacht: die Rätseltour mit Robin, dem Rotkehlchen. Da gilt es Fragen zu beantworten, und am Ende, am Ausgang, wartet eine kleine Belohnung auf diejenigen, die alles richtig gemacht haben. Da gehen vor allem an regnerischen Tagen die Kids sicher gern mal in ein Museum.

Das klassizistische Harmoniegebäude wurde 1958 übrigens um fünf Meter gekürzt, als die Schweinfurter hier eine neue Brücke über den Main bauten. Diese angrenzende Maxbrücke muss in den nächsten Jahren abgerissen und neu gebaut werden. Dann droht ein Verkehrschaos – und für anreisende Freunde von Museumsvögeln eine erschwerte Anfahrt.

Adresse Brückenstraße 39, 97421 Schweinfurt | **ÖPNV** Vom Marktplatz sind's 300 Meter zu Fuß. | **Anfahrt** Parkhaus im Museum Georg Schäfer | **Tipp** Das Burger Inn ein paar Meter westlich soll die besten Hackfleischklopse der Stadt servieren.

93_Der Wasserturm am Bergl

Der eigentliche Zweck als Kurzzeit-Epoche

Jüngere Schweinfurter werden es sich heute kaum vorstellen können. Aber zu Beginn des 20. Jahrhunderts gab es im heute nordwestlich gelegenen Stadtteil Bergl noch längst keine Ansammlung von den inzwischen längst dominierenden Häuserblocks. Nur landwirtschaftlich genutzte Flächen befanden sich damals dort, ehe eines der markantesten Bauwerke errichtet wurde, das aber auch nur für wenige Jahre seinen eigentlichen Zweck erfüllte: Ein Wasserturm sollte von hier aus das damals noch eigenständige Oberndorf, heute ebenfalls ein Stadtteil Schweinfurts, mit sauberem Trinkwasser versorgen. 79.000 Reichsmark soll es 1911 gekostet haben, das Gebäude zu erbauen.

Doch das Wasser lieferte der Turm in zu hohen Härtegraden, was schädlich war für die sich im benachbarten heutigen Stadtteil Oberndorf ansiedelnde Großindustrie. Deshalb wurde der Wasserturm nur knapp zehn Jahre nach seinem Bau wieder stillgelegt. Ab den 1950er Jahren entstand dann das dicht besiedelte Bergl. Und dort sind die Bewohner froh, dass ihr Wahrzeichen damals erhalten und nicht wieder abgerissen wurde und vor allem den Zweiten Weltkrieg schadlos überstand, als Schweinfurt mächtig unter den Bomben leiden musste.

Heute steht der Wasserturm unter Denkmalschutz. In den 1970er und 1990er Jahren wurde er renoviert. Im Erdgeschoss befinden sich nutzbare Räume, die der ansässige fleißige Bürgerverein Bergl e. V. pachtete und anfangs des neuen Jahrhunderts in Eigenregie ehrenamtlich renovierte und so einrichtete, dass der Wasserturm ein idealer Ort für eine Feier darstellt.

Auch heute noch kümmert sich der Bürgerverein um den Turm, eine der raren Schönheiten eines Stadtteils, in dem das Wasser längst schon keine Rolle mehr spielt und für den es sich auch für Auswärtige lohnt, einmal das ansonsten nicht so einladende Bergl zu besuchen. Dank des 45 Meter hohen Wahrzeichens direkt im lokalen Zentrum am Berliner Platz.

Adresse Am Wasserturm, 97424 Schweinfurt | **ÖPNV** Stadtbus 11, Ausstieg Berliner Platz | **Anfahrt** Parkplätze sind ausreichend vorhanden. | **Öffnungszeiten** kann nur von außen besichtigt werden | **Tipp** Wenige Meter entfernt befindet sich die Pizzeria Trattoria Mediterranea. Wie es heißt, soll es wohl eines der besten italienischen Restaurants der Stadt sein.

94 Die Aussichtskanzel

Turm in der Sackgasse zwischen drei Gemeinden

Sechseinhalb Meter an Höhe klingt erst mal so spektakulär nicht. Doch wenn man dann vor diesem Holzturm steht, der Aussichtskanzel »Maintalblick«, dann beeindruckt das Ding halt doch irgendwie. Und verbreitet den Reiz, es begehen zu müssen. Schwer ist das angesichts der überschaubaren Anzahl an Stufen nicht. Und man wird für die kleinen Mühen dann ohnehin entschädigt mit einer Aussicht auf beispielsweise Schloss Mainberg, das gesamte Schonungen mit seinem Kreuzberg oder die vielen Windräder auf der gegenüberliegenden Seite des Mains bei Forst.

Nur: Den 2012 eröffneten Turm am Gemarkungsdreieck, dem sogenannten »Dreiländereck« zwischen Schonungen, Sennfeld und Gochsheim, kennen eigentlich nur Insider. Am besten sehen können ihn die Reichelshofer, denn oberhalb des kleinen Dörfchens, das zu Schonungen gehört, befindet sich der »Maintalblick«.

Und nun wird's kompliziert: Erreichbar ist das irgendwie in einer Sackgasse südlich des Mains liegende Reichelshof nur über Sennfeld, besitzt auch dessen Postleitzahl. Schonungen und die anderen Gemeindeteile befinden sich nördlich des Mains. Von der östlich des Ortes Forst gelegenen Brücke über den Fluss kommt man aber nur nach Gochsheim und dann mit dem Auto über den Umweg Sennfeld hierher. Oder von Gochsheim oder dem Vorort Weyer direkt, jedoch nur auf Schleichwegen unter der Autobahn A70 hindurch. Das Auto direkt am Turm abstellen? No way!

Die Aussichtskanzel, im Internet oft fälschlicherweise »Aussichtsturm Sennfeld« genannt, liegt im Gebiet »Gochsheimer Holz«, federführend ließen ihn die Sennfelder vom Technischen Hilfswerk errichten. Und schufen eine neue Attraktion, ohne dass diese aber in den Publikationen des Tourismus-Verbandes 360° eine überragende Rolle spielt. Zumindest die THW-Mitarbeiter werden jedoch wissen, wo sich dieser schwer erreichbare Holzturm befindet und wie man am besten hinkommt …

Adresse 97526 Sennfeld, nahe Reichelshof | **ÖPNV** Stadtbus 82 bis Sennfeld Hallenbad, von hier 2,5 Kilometer zu Fuß | **Anfahrt** Parken in Reichelshof | **Tipp** Auf der gegenüberliegenden Seite des Mains gibt's bei Forst einen 7,5 Kilometer langen Windkraftweg.

95 Das einstige Bad

Heute Krautanbau, früher Kur gegen Krätze

Wer »Bad Sennfeld« hört, mag zunächst an die Freizeitanlage, die Schwimmhalle mit Rutsche im Dorf vor den Toren Schweinfurts denken. Dieses Bad ist aktuell bestens bekannt, da in Betrieb. Weniger bekannt ist hingegen wohl ein Hofgut östlich des Ortes, wo sich zwischen 1841 und 1947 tatsächlich eine Kurstätte befunden haben muss. Zu finden in Richtung des Schonunger Ortsteils Reichelshof zwischen den Gemüsefeldern.

Vor Ort entspringt eine Heilquelle, die sogenannte Hennebergquelle. Das Wasser diente einst zur Behandlung der Hautkrankheit Krätze. Im 19. Jahrhundert entstand deshalb das Mineralbad Sennfeld mit Wasserbehandlungen auch gegen Gicht und Rheuma. Trinken konnte man das Quellwasser zudem. Teilweise war Bad Sennfeld damals also gleichzeitig ein Kurbetrieb und ein Wirtshaus. Sogar Konzerte fanden dort statt. Es war sehr beliebt.

Modernisierungen in den 1920er Jahren brachten aber nicht den erwünschten Erfolg. So nach und nach endete der Badebetrieb aufgrund fehlenden Interesses. Das Gebäude fand eine Nachnutzung als gastronomischer Anlaufpunkt der Schweinfurter mit einer Art kleiner Diskothek, mit Bar und Restaurant, das Quellwasser freilich lief ungenutzt weiter in den Sennfelder Seenkranz.

Auch heute wird rundum Gemüse angebaut, beispielsweise Kraut oder Karotten, wo einst gegen Krätze gekurt wurde. Falls überhaupt mal Schweinfurter hier vorbeispazieren (um vielleicht den ab März wachsenden Bärlauch zu pflücken), so sehen die Leute nur noch ein Gebäude, das relativ unscheinbar zwischen Feldern und Plantagen steht und das eher weniger erinnern mag an eine Zeit, als das benachbarte Dorf Zwischenstation war für den Besuch einer Einrichtung, in der nicht nur Schweinfurter gesunden konnten. Dauerhaft ist in Bad Sennfeld kein Betrieb mehr. Für private Feiern wie Hochzeiten vermieten die Eigentümer die Räume aber noch immer. Nur halt nicht zum Baden …

Adresse Am Bad 1, 97526 Sennfeld | **ÖPNV** Stadtbus 81, Ausstieg am Plan | **Anfahrt** eigener Parkplatz | **Tipp** Echte Naturfreunde übernachten auf dem Campingplatz Sennfeld, wo die Gaststätte immer mal wieder wechselnd bewirtet ist.

96 Die Kraut- und Rüben-Pavillons

Stille Attraktionen rund um das Gemüse

Gemüse wird im Landkreis Schweinfurt schon immer angebaut. Vor allem die drei Orte Sennfeld, Gochsheim und Schwebheim sind überregional dafür bekannt. Und um nicht einfach nur auf Feldern Brokkoli, Kartoffeln, Kohl oder Möhren wachsen zu lassen, sondern die Mitmenschen zu informieren, gibt es in den Gemarkungen der drei Dörfer Anlaufstellen mit pädagogisch wertvollen Angeboten zu den langen Traditionen.

Der Gemüsepavillon östlich von Sennfeld bietet zudem einen knapp zweieinhalb Kilometer langen Rundweg als Lehrpfad durch das Anbaugebiet. »Kräuter, Kraut und Rüben« heißt das Gesamtprojekt, das ausdrücken soll, was die drei Gemeinden, allesamt Mitglieder der interkommunalen Allianz Mainbogen, verbindet.

Der Wandel der Landschaft im Laufe der Jahreszeiten, der saisonale Wechsel des Angebots und die Vielfalt der regionalen Genüsse von A wie Artischocke bis Z wie Zwiebel sind Inhalt des Konzepts. Auch in Schwebheim und Gochsheim entstanden für Bürger und Touristen Informationsstellen, quasi stille Attraktionen, allesamt aufgebaut eigentlich quasi inmitten der Anbaufelder.

40 verschiedene Gemüsesorten, Kräuter und Blumen baut allein Sennfeld an 365 Tagen im Jahr und auf 40 Hektar Land an. Schwebheim bietet einen fast drei Kilometer langen und saisonal wechselnden Kräuterlehrpfad, Gochsheim einen rund 40 Hektar großen Schau- und Lehrgarten zur Gemüselandschaft mit historischem Feldbrunnen und einem Gewächshaus. Rund um das Dorf wurden vor vielen Jahren noch bis zu sieben Millionen Gurken geerntet. Pro Tag! Eine unfassbare Zahl! Zu Fuß sollen die Bauern ihre Produkte bis nach Fulda gebracht haben.

Ob sich Otto Normalkonsument beim Einkauf im Discounter vorstellen kann, dass das Gemüse teilweise aus der Region stammt?

Adresse Am Bad 2, 97526 Sennfeld (einer der Pavillons) | ÖPNV Stadtbus 81, Ausstieg am Plan in Sennfeld | Anfahrt Parken gleich nebenan | Tipp Der Sennfelder Badesee ist ein Geheimtipp. Sogar an Dreikönig, also am 6. Januar, wagen sich hier Mutige ins Wasser.

97 Die Kerlachkapelle

Über dem Ort und nicht leicht erreichbar

Für die Stadtlauringer oder die Bürger aus der direkten Umgebung mag ihre Kerlachkapelle nichts Außergewöhnliches sein, auch wenn sie nicht unbedingt zum alltäglichen Erscheinungsbild der Marktgemeinde gehört – aufgrund ihrer Lage etwas oberhalb auf einem Hügel und abseits der eigentlichen Verkehrswege.

Von Schweinfurt kommend befindet sich die Kapelle auf der rechten Seite oben am Berg und ist nicht ganz so leicht zu erreichen. Nur über ein paar Straßen eines Wohngebietes und am Ende einen recht schmalen Zufahrtsweg. Zu der kleinen Kirche führt aus dem Osten von Stadtlauringen allerdings auch ein Kreuzweg mit 14 Stationen hinauf. Man muss nicht unbedingt gut zu Fuß sein, er ist nur mäßig steil.

Es sind zwei Kirchenpatrone benannt: der heilige Aloysius und die leidende Muttergottes Mariä Schmerzen. Für den ersten wird am 21. Juni stets ein Fest gefeiert, der zweiten gedenkt man immer am 15. September. Im Jahr 2001 wurde die 1901 gebaute Gnadenkirche, die auf dem Fränkischen Marienweg liegt, zu ihrem 100. Geburtstag renoviert. Von Ostern bis Allerheiligen hat sie immer an Sonn- und Feiertagen geöffnet. Für Gebete, auch mit dem Rosenkranz, oder zu Maiandachten kommen die Gläubigen gern auf den kleinen Hügel, den Kerlachberg, gepilgert. In der Kapelle können interessierte Brautpaare auf Anmeldung über das katholische Pfarramt Stadtlauringen auch Trauungen feiern.

Warum sie für die Leute außerhalb von Stadtlauringen etwas Außergewöhnliches ist? Weil man sie von Schweinfurt aus mit dem Auto kommend kurz vor der Durchfahrt des Ortes im Augenwinkel erblickt, sie danach gleich wieder verschwunden ist und sich so mancher Pendler wohl schon gedacht haben dürfte: Wie erreiche ich eigentlich diese kleine Kirche? Nun ist es hier verraten und als besonderer Tipp im nördlichen Landkreis Schweinfurt vermerkt. Ob sich künftig die Errichtung eines Kiosks lohnen könnte, wird aber erst die Zeit zeigen können …

Adresse Kreuzweg, 97488 Stadtlauringen | **ÖPNV** Landkreis-Bus 8170, 8171, 9112 | **Anfahrt** Parkplätze direkt davor | **Tipp** Die Talhänge der Lauer nördlich des Ortes sind landschaftlich reizvoll. Wer gern wandert oder spaziert, findet hier viele Möglichkeiten.

98 Das Marktplatz-Ensemble

Verstecktes Fachwerk und ein historisches Rathaus

Die Marktgemeinde Stadtlauringen im Norden des Landkreises Schweinfurt ist eigentlich in erster Linie ein Durchfahrtsort in Richtung Rhön-Grabfeld oder Schweinfurt. Je nach Richtung und Ziel. Autofahrer müssen mitten durch den Hauptort der inklusive seiner 20 Ortsteile kaum 4.000 Einwohner zählenden Gemeinde. Und trotzdem entgeht einem jeden, der nicht bereit ist, zwischen der Schweinfurter Straße im Süden und der Oberlauringer Straße im Norden mal anzuhalten und auszusteigen, das Wesentliche, das Wichtigste, das richtig Schöne in Stadtlauringen.

Denn hinter der katholischen Pfarrkirche St. Johannes der Täufer versteckt sich der Marktplatz mit seinem Ensemble. Darunter versteht man ein geschlossenes Bild von historischen Gebäuden, die für den, der nur die Hauptstraße entlangfährt, hier an sich nicht zu vermuten sind. Das bereits 1563 errichtete Fachwerk-Rathaus ist der absolute Star unter den alten Bauwerken. Mehrere Bürgerhäuser, ebenfalls mit Fachwerk, umrahmen den Marktplatz. Und der ist Schauplatz von stets gut besuchten Frühlings-, Herbst- oder Weihnachtsmärkten. Schön ist es dort aber nicht nur dann, wenn Markt ist.

Der Platz bietet natürlich auch einen Brunnen. Und der wartet mit einer Besonderheit auf: Ein sechsseitiges Spitzdach wird von drei Pfeilern getragen. So genau schaut sich das aber nur derjenige an, der davon Kenntnis besitzt. Und auch der denkmalgeschützte restaurierte Kunsthandwerkerhof am Kirchplatz zählt zu den Sehenswürdigkeiten des Ortes.

Spätestens jetzt sollten es die Leute wissen: Einfach so durch Stadtlauringen fahren, das war gestern. Heute wird das Auto abgestellt und mal der Marktplatz besucht. Der nach einem Aufpeppen vor einigen Jahren am nordwestlichen Ende mit einer schnuckligen Ristorante Pizzeria aufwarten kann. Fachwerkhäuser bestaunen und danach Linguine allo Scoglio genießen – hört sich das nicht verführerisch an?

Adresse Marktplatz 1, 97488 Stadtlauringen | ÖPNV Landkreis-Bus 8170, 8171, 9112 in den Ort | Anfahrt Parken im Ort | Tipp Die Hausbrauer im benachbarten Thundorf schenken meistens an Christi Himmelfahrt bei einem Fest ihr Bier aus.

99__Das Militär-Museum

Wo ein Flugzeug auf Stelzen steht

Wer von Schweinfurt den Main entlang Richtung Volkach radelt, kommt zwangsweise irgendwann an Stammheim vorbei. Das ist an sich ein Winzerdorf, das aber außer Wein noch etwas zu bieten hat, was sogar weitaus einzigartiger ist für die Region: ein Museum für Militär und Zeitgeschichte, das größte private in dieser Art in Deutschland. Sagen zumindest die Verantwortlichen.

Aber selbst in Schweinfurt wissen gar nicht so viele Leute davon. Seitens der regionalen Tourismusverbände tut man sich eher schwer, mit dieser von Frühling bis in den Herbst geöffneten Einrichtung (mit Campingplatz!) zu werben. Wer am Ortseingang von Stammheim vorbeikommt, wundert sich vielleicht, wieso hier ein großes Flugzeug auf Stelzen steht. Befindet sich hier etwa ein Airport? Ein Friedhof für ausrangierte Pilotengondeln?

Das Flugzeug freilich ist so ziemlich das einzige Ausstellungsstück des Museums, das von außen zu sehen ist. Für mehr müssen an militärischen Ereignissen und Kriegen zwischen 1793 bis zum Fall der Mauer im Jahre 1990 Interessierte hineingehen. Um sich auf eine Zeitreise zu begeben durch drei große Ausstellungshallen und das Freigelände mit der Feldbahn, mehr als 250 Rad-, Ketten-, Wasser- und Luftfahrzeugen sowie der sogar besteigbaren Antonow AN-2, dem weltweit größten einmotorigen Doppeldecker. Vor allem die in den Boden gegrabene Bunkeranlage mit ihrem Aufenthaltsraum hat es in sich. Begehbar ist diese Attraktion, sie sorgt für Gänsehaut. Das beeindruckt, das ist nicht ohne …

Wem das alles nicht auf den Magen schlägt: Das Gasthaus »Zur Schmiede« gliedert sich gleich an das Museum an und ist ebenso ziemlich einzigartig. Und wer nicht mit dem Fahrrad unterwegs ist: In Stammheim empfiehlt sich der Besuch des einen oder anderen Weingutes. Wer danach noch fahren muss, kann sich ja ein paar Flaschen mit den guten Tropfen mit nach Hause nehmen. Oder einpacken und heimfliegen lassen …

Adresse Maintalstraße, 97509 Stammheim | ÖPNV Landkreis-Bus 8137, 9308 | Anfahrt Parkplätze davor | Öffnungszeiten vom 1. März bis 31. Okt. | Tipp Nicht ganz zwei Kilometer nördlich setzt die einzige Fähre im Landkreis Schweinfurt nach Wipfeld über. Wer also Lust hat, sein Auto mal schwimmen zu lassen …

100 Das Wein-Denkmal

Der größte Bocksbeutel der Welt mit Ausblick

»Eselsdrom« nennt der SV Stammheim seinen an sich komplett normalen Fußballplatz in Anlehnung an den Eselberg, die Weinlage in direkter Nachbarschaft. Auf dem Rebenhügel in diesem Winzerdorf am Main im Süden des Landkreises nicht weit weg vom Städtchen Volkach befindet sich ein »Rekordgebilde«, das trotzdem ein absoluter Geheimtipp ist. Hier steht der anscheinend weltgrößte Bocksbeutel.

Wer mit dem Begriff nichts anfangen kann: Bocksbeutel ist der Name für eine besonders geformte bauchige Weinflasche mit 0,75 Litern Inhalt. In den Weinbergen steht natürlich keine Flasche und darin befindet sich auch kein trinkbarer flüssiger Wein. Das Bocksbeutelweingut Scheller hat jedoch dieses Stahlgerüst inmitten von Weinreben errichtet und serviert an dieser Stelle gern Bocksbeutelweine, auch in Verbindung mit einer Brotzeit. Für feierwillige Leute, die sich an einem besonderen Ort treffen wollen.

Von unten und vom Weinbergsweg führen ein paar Treppenstufen hoch zu dem Gebilde. Drinnen ist Platz für bis zu 50 Personen, die an drei nebeneinanderstehenden Tischen mit Bänken verweilen können. Die Gäste sollen laut Eigentümer »die Seele baumeln und die Augen schweifen lassen«: Denn die Sehenswürdigkeit in Stammheim sorgt selbst für Sehenswertes, wenn man sich dorthin begibt. Einen tollen Ausblick auf das Dorf nämlich, die gesamten Weinbergsanlagen und auf den Main mit seinem Tal. Plus auf Wipfeld auf der anderen Mainseite mit seinem Schloss, das an anderer Stelle in diesem Buch erwähnt ist.

Regnen oder Stürmen darf's beim Schöppeln im nach allen Seiten offenen Bocksbeutel natürlich nicht. Ein Dach? Oder gar ein Korken? Denkste! Dann schon lieber in den Ort und in die Winzergaststätten. Übrigens bietet das Weingut Scheller auch einen mobilen Bocksbeutel zum gemütlichen Zusammensitzen und sogar zur Übernachtung direkt im Weinberg an. Mit Überdachung. »Eselskammer« wäre dafür vielleicht der passende Name …

Adresse Winzerstraße 18, 97509 Stammheim, von hier geht's zu Fuß nach oben | ÖPNV Landkreis-Bus 8137, 9308 in den Ort | Anfahrt Parken im Ort, am besten aber beim Sportplatz des SV Stammheim | Tipp Unweit hält die MS »Undine«, das Schiff fährt auf dem Main von Volkach nach Stammheim und/oder Wipfeld und zurück.

101 Die Sulzheimer Gipshügel

Willkommen in Küchenschellenhausen

Vor allem im Frühling, am besten im März und im April, lohnt sich hier ein Besuch: Die Sulzheimer Gipshügel, die man von der Straße aus, vom Ort oder von Grettstadt kommend nicht erkennen kann und eigentlich noch nicht einmal wenige Meter, bevor man vor ihnen steht, gehören angeblich zu Bayerns schönsten Biotopen. Das knapp über acht Hektar große Naturschutzgebiet unweit des Unkenbachs hat verkarsteten Gipsfels als Grundlage, weshalb sich kleinere wellenförmige Buckel gebildet haben, Hügel, wenn man sie so nennen möchte.

Schlangenförmig führt ein Fußweg durch diese Steppenheide, die dann, wenn die ersten wärmenden Sonnenstrahlen vom Himmel kommen, gelbe Adonisröschen sowie violette Küchenschellen und Traubenhyazinthen en masse bietet. Dann sind zahlreiche Spaziergänger unterwegs in Sachen Naturkunde. Passend dazu gibt's im Dorf Sulzheim das Gips-Informations-Zentrum GIZ mit ganz vielen Informationen über das Gipswerk vor Ort.

Und ein Gipsrundweg führt über rund sieben Kilometer vom GIZ über die verschiedenen Landschaftsarten, natürlich durch das Naturschutzgebiet, zur Unkenmühle und vor allem zu einem Steinbruch mit einem versteckten Biotop. Und einer Aussichtsplattform, um besser nach unten schauen zu können. Man sollte zwei Stunden dafür einplanen, um das alles erleben und genießen zu können.

In Sulzheim selbst gibt's dann die Möglichkeit zur Einkehr im Landgasthof Goldener Adler, zum Kauf von Frankenwein im Weingut Kleinhenz oder einem Blick auf das Schloss. Ja, auch damit kann die Gemeinde zwischen Schweinfurt und Gerolzhofen punkten, zu der noch die Orte Alitzheim, Vögnitz und Mönchstockheim gehören. Letztgenanntes Dorf bietet gleich drei Seen, zwei davon befinden sich in einem weiteren Naturschutzgebiet. Die Schweinfurter können also, wenn sie die 20 bis 25 Kilometer auf sich nehmen, ganz schön viel Natur erleben. Sie müssen diese Orte nur finden.

Adresse an der Staatsstraße 2272, 97529 Sulzheim | ÖPNV Landkreis-Buslinien 8160, 9306 in den Ort | Anfahrt einige Parkplätze direkt davor, rund 100 Meter vor Sulzheim aus Grettstadt kommend | Tipp Östlich von Sulzheim befindet sich mitten im Wald die umgangssprachlich »Bombenabwurfplatz« genannte Lichtung mit kleinen militärischen Zweckbauten.

102 Die Schloss-Scheune

Auf den Kettersäch-Rock-Spuren

Es war einmal … eine nahezu legendäre Veranstaltung an einem Ort, den es aber noch immer gibt. Im Oktober 2011 fand allerdings zum fünften und wohl für immer letzten Mal in der Feldscheune im beschaulichen Traustadt (Gemeinde Donnersdorf) das Festival mit dem eher befremdlichen Namen »Kettersäch« statt.

Wie man vielleicht vermuten kann, ging es um heftigste Heavy-Metal-Musik. Bands wie Milking the Goatmachine, Hackneyed, Godslave, Hatred, Path of Devastation oder Violet Moon gaben sich beim finalen Chapter V die Ehre. Und das an einem Ort in der Natur neben einem für den Weinbau bekannten Dorf mit knapp 500 Einwohnern. In die relativ beengte Scheune passen auch nur ein paar wenige 100 Besucher, sodass das Kettersäch an seine Grenzen stieß. Veränderungen im Organisationsteam sorgten letztlich für eine Einstellung. Seitdem geht es in Traustadt nicht mehr so richtig laut zu. Vorbei die Zeit, als die Ziegenmelker oder die Gottessklaven hier auftraten …

Vergleichsweise eher beschaulich und ruhig verlaufen an selber Stelle an Pfingsten die jeweils drei Tage, an denen der Kreisverband für Gartenbau und Landespflege e. V. Schweinfurt unter den Baumkronen alter Kastanien seine »Gartenträume« ausrichtet. Diese Ausstellung lockt an drei Tagen Tausende Besucher an. Eine weitestgehend schwermetallfreie Gartenschau auf dem riesigen Gelände im Freien rund um die Feldscheune, die sich während dieses Events als ideale Location für die Bewirtung erweist. Und die immer mal wieder ein geeigneter Schauplatz für Hochzeiten ist. Die Schlossscheune Traustadt GbR vermietet die über 700 Quadratmeter großen Räumlichkeiten auch für Freie Trauungen, Geburtstags- und Weihnachtsfeiern, Firmenevents oder andere Festlichkeiten.

Sollten mal Bäume auf der zwei Hektar großen Außenanlage gefällt oder Äste entfernt werden: Dazu wird die Kettersäch natürlich weiterhin benötigt …

Adresse Am Schloss 4, 97499 Traustadt | **ÖPNV** Bus 8160 ab der Schweinfurter Innenstadt | **Anfahrt** Direkt vor Ort kann man parken. | **Öffnungszeiten** nach Bedarf, www.feldscheune-traustadt.de, Tel. 09528/7419239 | **Tipp** Hunderte Besucher kommen, wenn an Sommertagen der Antoni-Bierkeller oberhalb der Scheune öffnet. Bier, Wein und Bratwürste kann man bei einem herrlichen Blick auf Traustadt genießen.

103 Die Wohnstätte des »Üchtel«

Hier ist der Waldgeist zu Hause

Waldlehrpfade genießen mitunter den Ruf, nur wenig wirklich Spannendes zu bieten und rein auf Informationen zu setzen über Bäume und Pflanzen. Lehrreich mag das sein, wenig reizvoll jedoch für Kids, wenn sie von den Eltern zum Spazieren mitgeschleift werden. »Mama, das ist doch langweilig!«, mag man da zu hören bekommen. Oder unterwegs dann ein »Sind wir bald da?« oder »Ich muss mal!«.

Anders dürfte das sein bei einem gerade mal 1,5 Kilometer langen (eher also kurzen) Pfad am nördlichen Ortsrand von Üchtelhausen, dem ersten Dorf nördlich von Schweinfurt, an dem Autofahrer größtenteils auf der Staatsstraße vorbeirasen, weil es in einer Sackgasse gelegen ist. Zwölf verschiedene Baumarten gilt es an acht verschiedenen Stationen zu entdecken, dazu Biotope. Na gut, das mag sich wenig unterscheiden von anderen Rundwegen durch Wälder, die Kinder eher weniger begeistern.

Doch im Landkreis Schweinfurt stehen nicht nur zwei aus Ästen gebaute Üchtel-Häuser und drei riesige und begehbare Wald-Megafone, die allein schon optisch echte Hingucker sind. Nein, hier hat auch noch eine leicht gruselige Figur ihr Zuhause. Hier befindet sich nämlich die Wohnstätte vom Waldgeist. Natürlich nicht zu verwechseln mit einem Himbeergeist … »Das Üchtel« – so heißt es – lebt an Station drei zwischen der Baumscheibe und dem Totholz (mit seinen darin vielen lebenden Käferarten).

Und mal ehrlich: Wer seinen Kindern dazu die passende Geschichte erzählt, wird sie schnell begeistern können für den Aufbruch zum erfreulich kurzen, erlebenswerten Entdeckungsmarsch durch die Natur. Pädagogik kann mitunter durchaus spannend sein. Der Waldlehrpfad führt um die Grundschule Schweinfurter Rhön herum, deren Name darauf hinweist, dass diese Region sich gar nicht so sehr unterscheidet von der echten Rhön.

Adresse Schulstraße 21, 97532 Üchtelhausen | ÖPNV Landkreis-Bus 8132 in den Ort | Anfahrt Parken an der Schule | Tipp Wenige Kilometer entfernt befindet sich bei Thomashof im Wald die manchmal bewirtschaftete Hütte »An der Haselstaude« der DAV-Sektion Schweinfurt.

104 Remmidemmi im Acker

The worldwide greatest Traktor-Show

Mit Wadenbrunn als Ortsname können wohl selbst die wenigsten Schweinfurter etwas anfangen. Das ist ein abseits gelegenes Hofgut nahe Kolitzheim im südlichen Landkreis. Alle paar Jahre, in der Regel jeden zweiten Sommer, steppte dort oder besser ein paar 100 Meter entfernt an den Gemarkungen Flugplatz und Lachgraben aber der Bär. Unweit des Landwirtschaftsbetriebes veranstaltete ein Landtechnikunternehmen einen sogenannten Feldtag.

Über 100 Traktoren waren dann meistens zu bestaunen und zeigten live im Einsatz die Möglichkeiten der neuesten Maschinen und Technologien. Was sich vielleicht eher wenig spektakulär anhört, war in Wahrheit die weltweit größte Veranstaltung ihrer Art. Und lockte auf einem ansonsten 364 Tage nahezu menschenleeren Gelände von 90 Hektar Größe mit verschiedenen Themenbereichen unglaubliche Massen an. Da wurden dann sogar temporäre Show-Tribünen aufgebaut.

Mitte August 2018 kam zum letzten Feldtag vor der Pandemie die eigentlich unfassbare Zahl von rund 50.000 Besuchern auf das Hofgut. An gerade mal einem Tag mitten unter der Woche. Ein internationales Landwirtschaftspublikum mit teils mehrstündiger Anreise sorgte natürlich auch dafür, dass rund um das Areal – der nächste Bahnhof ist kilometerweit entfernt – der ganz große Parkplatz-Wahnsinn ausbrach. Sogar Farmer aus Australien ließen sich dieses Event nicht entgehen.

Selten ist der Unterschied größer, wie man einen Ort zwischen Event und Nichtevent wahrnehmen kann. Wer an einem normalen Tag in dieser Region unterwegs ist, genießt nun stets seine Ruhe in der landwirtschaftlichen Stille. Wer zum besagten Feldtag kam, erlebte einen unfassbaren Auflauf à la »Disneyland meets Fußball-WM-Finale«. Und das bei »The worldwide greatest Traktor-Show«, die es aufgrund von Sicherheitsbestimmungen inzwischen aber nicht mehr gibt. Was bleibt, das ist die Erinnerung.

Adresse 97509 Wadenbrunn bei Kolitzheim | ÖPNV Landkreis-Bus 8137, 9308 nach Kolitzheim | Anfahrt Am besten im Ort parken und dann laufen … | Tipp Ein Lost Place ist das nur zwei Kilometer entfernte Gut Öttershausen im Landkreis Kitzingen.

105 Auf Wolfspfotensuche

Wiesen, Wälder, Stille – und wohl keine Raubtiere

Aus touristischer Sicht spielt die im Nordwesten des Landkreises Schweinfurt gelegene Gemeinde Wasserlosen sicherlich keine sonderlich große Rolle. Von hier aus wie auch von den anderen Orten Brebersdorf, Burghausen, Greßthal (wo sich das Rathaus befindet), Kaisten, Rütschenhausen, Schwemmelsbach und Wülfershausen ist der Weg nicht weit in den Nachbarlandkreis und zur alten Weinstadt Hammelburg – an der Saale gelegen und schon eher eine Urlaubs- oder Ausflugsregion!

Ein paar schöne Rundwege zum Wandern gibt es in und um Wasserlosen freilich schon. Touren vorbei an Hügelgräbern, Bildstöcken oder einem Kohlenbrenner laden ein. Alle drei Jahre veranstalten die Wülfershäuser ihr einwöchiges Kohlenmeilerfest. Besonders gelungen und immer »geöffnet« ist aber der Wolfspfotenpfad im oder besser: um den Hauptort. Mit Start und Ziel am Sportheim des FC Wasserlosen, dessen außergewöhnlicher Biergarten sich natürlich ideal eignet für die Entspannungs-Einkehr danach.

Vorher dürfen die Aktiven rund 7,5 Kilometer bewältigen. Wer freilich totale Action befürchtet (oder gar Angst vor echten Wölfen hat), kann beruhigt werden: Der Rundweg verläuft an und über Wiesen und durch Wälder in ziemlicher Stille. Und eigentlich stets inmitten der Natur. Zum Entschleunigen ist das an sich ideal. Größere Steigungen gibt es nicht.

Sagenumwoben soll die Gegend sein, bald kommt man an die Wüstung Höchstadt, wo sich früher mal ein kleines Dorf befunden haben soll. Wolfspfoten darf man trotzdem suchen: Die Wegweiser, wirklich wichtig, um sich nicht zu verlaufen, zeigen weiße Tatzenabdrücke auf roten Kreisen. Übersehen sollte man keinen, denn hier in der Gegend steckt man schnell mal im Wald fest und läuft dann lange Zeit, ohne auf Orte und Häuser zu stoßen. Und wer weiß: Vielleicht hat sich der Wolf ja tatsächlich schon wieder im Landkreis Schweinfurt angesiedelt …

Adresse Mühlweg 1, 97535 Wasserlosen (Startpunkt) | **ÖPNV** Landkreis-Bus 8139, 8164, 8165 in den Ort | **Anfahrt** Parken am Fußballplatz des FC Wasserlosen | **Tipp** Wer den gesamten Weg läuft, kommt auch an der Kapelle der Lourdesgrotte vorbei. Und wer danach hungrig ist: Das Sportheim bewirtet ein guter Grieche mit besonderen Pizzen.

106 Die Natur im Brönnhof

Ein Biotop dort, wo einst Soldaten übten

Als sich die Stadt Schweinfurt für die Austragung der Landesgartenschau 2026 mit einem kleinen Areal neben dem Sachs-Stadion etwas außerhalb der Innenstadt bewarb, da gab es nicht wenige Stimmen, die meinten, dass der Brönnhof doch wohl der interessantere Ort für so ein Event wäre. Rund sieben Kilometer Luftlinie vom Stadtzentrum entfernt befindet sich im Landkreis und teils auch im benachbarten Bad Kissingen dieser von 1936 bis 2014 für militärische Zwecke genutzte Truppenübungsplatz, der mit knapp über 25 Quadratkilometer Fläche riesige Ausmaße besitzt.

Der Großteil ist bewaldet, der gerodete Teil aber mitsamt der Hofwüstung Brönnhof, dem Namensgeber, übt seit dem Rückzug der damals in Schweinfurt stationierten Amerikaner als größte Naturerbefläche Bayerns einen Reiz aus auf Menschen, die ursprüngliche Flächen lieben. Auf teils bis zu 400 Meter Höhe trainierten einst die US-Streitkräfte, die in Schweinfurt wohnten und über die zehn Kilometer lange und noch heute für den Verkehr gesperrte »Heeresstraße« an den abseits gelegenen Standort fuhren.

104 gezählte Gebäude gab es damals dort, wo sich seit 2016 ein Nationales Naturerbe befindet. Auch hier machen natürlich die Trockenheit und der Borkenkäfer dem Baumbestand zu schaffen. Der Rodungsbereich im Zentrum als Steppe ist heute ein Biotop mit gezählten 350 Tier- und Pflanzenarten. Schafe grasen, auch Rinder (deren Fleisch nach Schlachtung verkauft wird) und Wildpferde wurden angesiedelt. Die Tiere fressen Gras, Kräuter und Stauden. Zu sehen ist das am besten von einer überdachten Plattform aus, der früher militärisch genutzten Feldherrenhalle.

Touristisch ist das alles für Wanderer und Radfahrer interessant, die kilometerweit inmitten der Natur unterwegs sein können, ohne irgendwelchen Mitmenschen begegnen zu müssen. Und die durchaus Gefahr laufen, sich dort zu verirren. Für den (kostenfreien) Besuch sollte man einen ganzen Tag einplanen.

Adresse 97532 Weipoltshausen (als denkbarer Startpunkt) | **ÖPNV** Landkreis-Bus 8171 nach Weipoltshausen | **Anfahrt** Parken kann man auch von Hambach über eine Betonstraße kommend am südlichen Punkt. | **Tipp** Das nördlich gelegene Maßbach im Landkreis Bad Kissingen bietet Theatervorführungen auf einer Freilichtbühne.

107 Das Wasserschloss

Auf Hollywoods Spuren in Wetzhausen

Wasserschlösser bedeuten Romantik pur. Das Schloss im zur Marktgemeinde Stadtlauringen gehörenden Wetzhausen im nördlichen Landkreis Schweinfurt befindet sich abseits von Durchgangsstraßen am Rande des Dorfes. Und weil es sich in Privatbesitz befindet, ist es unter normalen Umständen auch nicht zu besichtigen. Nur von außen.

Und das lohnt sich. Die mit Erkern versehene viergeschossige und vierflügelige Anlage mit ihrem Innenhof stellt natürlich schon noch etwas dar, auch wenn vom einstigen Wassergraben nicht mehr viel erhalten geblieben ist. Das Schloss aus ursprünglich dem 14. Jahrhundert wurde laut Überlieferungen im Bauernkrieg zerstört und bis ins 18. Jahrhundert wiederaufgebaut.

Die Geschichte und vor allem die Persönlichkeiten machen das Gebäude aber erst so richtig interessant: Bis 1955 befand sich darin das Fränkische Theater, seitdem mit Sitz und Freiluftbühne in Maßbach im Landkreis Bad Kissingen. Und: In Wetzhausen wurde 1975 der Film »Das Amulett des Todes« mit unter anderem Vera Tschechowa, Horst Frank und Walter Sedlmayr gedreht. Kann man kennen, muss man natürlich nicht.

Kameramann war der 2017 verstorbene Michael Ballhaus, der seine Jugend in Wetzhausen verbrachte, viel mit Rainer Werner Fassbinder zusammenarbeitete und später in Hollywood als Director of Photography Karriere machte und bei einigen Filmen von Martin Scorsese oder Wolfgang Petersen für die Bilder sorgte. Berühmt war er für seine Kreisfahrten um 360 Grad.

Die bekanntesten Filme des lange in Amerika und zuletzt vor seinem Tod in Berlin lebenden Ballhaus, der 2007 seine Hollywood-Karriere beendet hatte, sind wohl »Good Fellas«, »Outbreak«, »Sleepers«, »Air Force One«, »Gangs of New York« oder »Departed – Unter Feinden«. Teilweise echte Blockbuster, deren Ursprungsquell, wenn man so will, in einem Wasserschloss in Wetzhausen liegt. Ganz in der Nähe soll er einst mit Martin Scorsese eingekehrt sein.

Adresse Alter Schlossweg, 97488 Wetzhausen | **ÖPNV** Bus 8170, 8171, 9112 | **Anfahrt** Parkplatz vor dem Schloss | **Öffnungszeiten** in Privatbesitz des alten fränkischen Geschlechts der Truchsesse von Wetzhausen, Besichtigung nur von außen möglich | **Tipp** Das denkmalgeschützte Schloss Craheim in Richtung des Nachbarortes Birnfeld lockt. Das ist eines der jüngeren Schlösser Bayerns mit einer kleinen Parkanlage.

108 Die Burg Bergheide

Ging's einst unterirdisch bis Schloss Mainberg?

Wer kennt Weyer? Niemand eigentlich, außer man wohnt in Gochsheim, dem Gemeinde-Hauptort, oder eben direkt in dem Dorf gleich in der Nähe. Weyer, nicht weit weg vom Main gelegen, hat gut 300 Einwohner und liegt an der Maintal-Autobahn. Und wer die in nördlicher Richtung unterquert, was an zwei Stellen möglich ist, landet in einer herrlichen Natur mit diversen verschiedenen Flurnamen. Der gängigste lautet Bergheide.

Der hügelige Landstrich mit ganz viel Bärlauch im März und April eignet sich im Winter für die Kids der Region bestens als Rodelpiste. Es geht vergleichsweise steil hinab, sehr steil sogar für eine ansonsten ziemlich flache Region. Wer im Westen unter der Autobahn hindurchfährt oder -läuft, kommt danach schnell zu einem Bildstock, der an die dem heiligen Moritz geweihte Wallfahrtskapelle erinnert, die hier einst gestanden haben soll. Der Sage nach neben einem Nonnenkloster, in dem in der Nacht oft viel gesungen wurde. Angeblich. Unterhalb versprüht eine um die Jahrtausendwende neu und privat errichtete kleine Kapelle mit Sitzgelegenheit ihren Charme, die zumindest ein bisschen an die alten Zeiten erinnern soll.

Und weitere rund 150 Meter Fußweg abwärts Richtung Maintal auf dem sogenannten Schlosshügel befinden sich um einen sichtbaren Ringgraben herum noch ein paar Steinhaufen. Hier stand den Überlieferungen nach eine bereits im 15. Jahrhundert gefallene Ritterburg, die auf dem Gipfel über dem einstigen Dorf Bergheide thronte. Der Sage nach besaß sie eine unterirdische Verbindung unter dem Main hindurch zum Schloss Mainberg auf der anderen Seite des Flusses. Nach den Gängen gebuddelt hat aber anscheinend noch niemand in all den Jahren. Man würde auch keine finden, denn zumindest bei dieser Geschichte handelt es sich um, heute würde man sagen, Fake News. Die Burg Bergheide aber muss es tatsächlich einmal gegeben haben.

Adresse 97469 Weyer | **ÖPNV** Landkreis-Bus 8137 und 9306 nach Weyer | **Anfahrt** die Reichelshöfer Straße in Richtung Norden unter der Autobahn hindurch, danach kann man das Auto abstellen | **Tipp** Südlich von Weyer geht's ab der Sportheimgaststätte »Bei Mario« auf endlosen Wegen in den Wald. Hier ebenerdig … Spazieren und wandern machen hier Spaß, das Essen danach schmeckt.

109 Die versteckte Himmelsleiter

Wander-Attraktionen im Gochsheimer Bürgerwald

Wer im Sommer nach Schatten lechzt, sich aber trotzdem gern bewegen möchte, der ist im Bürgerwald bei Gochsheim genau richtig. Außer den Einwohnern der Gemeinde vor den Toren Schweinfurts kennen wohl die wenigsten Menschen den ausgewiesenen Bürgerwaldweg nördlich der Autobahn A 71. Die muss man von Gochsheim kommend unterqueren, was mit dem Auto machbar ist. Und dann sind's nur noch ein paar Meter bis zum Start der kleinen Wanderrunde.

Die wiederum entstand auf Anregung des Vereins für Gartenbau und Landschaftspflege. Der konnte im Jahr 2007 zu seinem 100. Geburtstag dank der bayernweiten Aktion »Drei Tage für Helden« 140 Jugendliche der Gemeinde aus diversen Vereinigungen dazu animieren, auf dem gut vier Kilometer langen Weg, für den man etwas mehr als eine Stunde einplanen sollte, diverse Stationen zu errichten.

Und so gibt's im Wald seitdem nun einen Tierweitsprung zum Hüpfen in den Sand für Kids, das Waldsofa mit dem Kinderhexenhaus, einen Barfußpfad, den Weidentunnel, ein Baumtelefon oder einen Sitzplatz am Waldende mit einem schönen Blick auf Mainberg und Schonungen.

Die stille Attraktion des Weges ist jedoch die Himmelsleiter bei der nördlichen Kehrtwende, wo an der Stelle des größten und eigentlich einzigen Gefälles des Weges tatsächlich eine Leiter in den Hang gebaut ist. Zum Klettern nach oben. Mehr oder weniger zumindest. Eigentlich liegt sie eher auf dem Boden, ist aber gefühlt ewig lang. Man kann sie aber auch mit einem gemütlichen Umweg umgehen. Aber dann trotzdem bestaunen. Übrigens nicht nur im Sommer bei Sonnenschein. Wobei die 72 Stufen eigentlich nur symbolisch errichtet wurden, denn parallel verläuft auch ein Waldpfad zum Hoch- oder Runterlaufen. Je nachdem, in welcher Richtung der Besucher den Bürgerwaldweg begehen möchte.

Adresse Am Weinberg, 97469 Gochsheim, von hier zwei Kilometer nördlich | ÖPNV Stadtbus 82, Haltestelle Schonunger Straße in Gochsheim | Anfahrt Parken vor Ort | Tipp In der Schweinfurter Straße 4 in Gochsheim gibt es das GeheimnisReich, einen Adventure-Room für Abenteuerlustige.

110 Das Literaturhaus im Weinort

Hier wird die Lust am Lesen & Schreiben geweckt

In der Regel immer nur sonntags von 14 bis 17 Uhr hat es geöffnet: das Literaturhaus in Wipfeld, dem Weinort am Main am südlichen Ende des Landkreises Schweinfurt. Das in der Idylle gelegene Winzerdorf hat lediglich knapp mehr als 1.000 Einwohner, ist bekannt für seine Mainfähre, attraktive Weinbergswanderungen und für sein Weinfest auf dem an Kleinstädte in Südtirol erinnernden Dorfplatz, der etwas abseits der Durchfahrtsstraße liegt.

Vielleicht ist auch deshalb das sich dort in unmittelbarer Nähe befindende Literaturhaus so etwas wie ein Geheimtipp. Es will die Lust am Lesen und Schreiben wecken und fördern, Schriftsteller und Autoren mit ihren Lesern verbinden. Und mit solchen, die es noch werden wollen. Es bietet ein Literaturmuseum und eine Leselounge sowie eine kleine, aber feine Open-Air-Bühne mit bis zu 100 Tribünenplätzen im Freien, aber auch Autorenlesungen, Ausstellungen, Museumsführungen, Schreib-Seminare oder ein Kinderprogramm. Und das alles in einem und um ein umgebautes Fachwerkhaus aus dem 17. oder 18. Jahrhundert. So genau wissen das die Wipfelder nicht.

Im Jahre 2009 eröffnete die Gemeinde Wipfeld nach einer denkmalgerechten Sanierung das Gebäude zur neuen Nutzung. Im Obergeschoss befindet sich das Museum, in dem an die vier Wipfelder Dichter Conrad Celtis, Eulogius Schneider, Engelbert Klüpfel und Nikolaus Müller – allesamt, wenn überhaupt, eher den Einheimischen bekannt – erinnert wird. Sogar mit interaktiven, also modernen Medienstationen.

Das mag sich für junge Besucher trotzdem nicht gerade prickelnd anhören. Doch gerade für Schulklassen ist das Literaturhaus auf Anmeldung auch unter der Woche geöffnet. Das Literaturforum bietet Workshops und eine Bibliothek mit Leselounge mit genügend Literatur aus Franken, sodass es wirklich niemandem langweilig wird.

Adresse Bachgasse 1, 97537 Wipfeld | **ÖPNV** Landkreis-Bus 8135 in den Ort | **Anfahrt** Parkplätze am Main, Adresse »Zur Mainfähre« | **Öffnungszeiten** So 14–17 Uhr | **Tipp** Mit Ankerstube, Mainterrassen und Biergarten Zehntgraf bietet Wipfeld noch drei Gaststätten. Löblich!

111 Das Schloss Klingenberg

Historische Gemäuer abseits der Weinberge

Auf dem Weg südlich von Wipfeld in Richtung der Marktgemeinde Eisenheim, die sich bereits im Landkreis Würzburg befindet und nach der die Schleife des dann in den Landkreis Kitzingen fließenden Mains beginnt, liegt unweit des Ortes im Landkreis Schweinfurt – auf der rechten Seite links fließt der Main – auf einer Anhöhe kaum sichtbar das Schloss Klingenberg. Ja, Wipfeld hat nicht nur viele Weinberge, sondern auch ein Schloss zu bieten! Es ist allerdings weitestgehend unbekannt und befindet sich in Privatbesitz.

Zudem findet man es nur, wenn man gezielt danach sucht. Der Weg nach oben durch den Wald ist letztlich nach ein paar Metern des Anstiegs zwar versperrt, ausdrücklich verboten wird das fußläufige Besichtigen des Bereichs vor dem Schloss aber nicht. Auch wenn Besucher nicht direkt an das Gebäude herankommen.

Auf Wikipedia heißt es: »Die dreigeschossige Dreiflügelanlage mit Stirngiebeln und einem trapezförmigen Innenhof sowie die Halsgrabenanlage mit gemauerter Brücke sind bis heute im Wesentlichen erhalten.« Die Gemeinde Wipfeld schreibt vom »unregelmäßig dreiflügeligen Wohnbau mit Treppengiebeln«. Wer das liest, möchte wohl am liebsten in Neuschwanstein-Manier hinaufsteigen und die historischen, erstmals im Jahr 1230 erwähnten, später vollständig zerstörten und danach mühevoll wiederaufgebauten Gemäuer entern. Angesichts der Unmöglichkeit muss jedoch ein Blick von außen reichen. Doch auch das ist ja immerhin schon etwas.

Kurios: Nach dem Zweiten Weltkrieg und bis in die 1970er Jahre war das Schloss als Hermann-Barthel-Heim eine Erholungsstätte für Mitarbeiter der Dürkopp Adler GmbH, einem Hersteller von Industrienahmaschinen aus dem westfälischen Bielefeld. Stolze 320 Kilometer entfernt. Wer zu Besuch war, konnte schon damals den guten Wein nur einen Kilometer weiter nördlich im Ortskern von Wipfeld kosten. Gut ist er auch heute noch.

Adresse 97537 Wipfeld, einen Kilometer außerhalb gelegen | **ÖPNV** Landkreis-Bus 8135 | **Anfahrt** Wer am Sportplatz des FC Wipfeld parkt, ist in 10 Minuten dort. | **Tipp** Die in Richtung Süden folgenden Dörfer Ober- und Untereisenheim im Landkreis Würzburg haben gut erhaltene und daher sehenswerte Ortskerne.

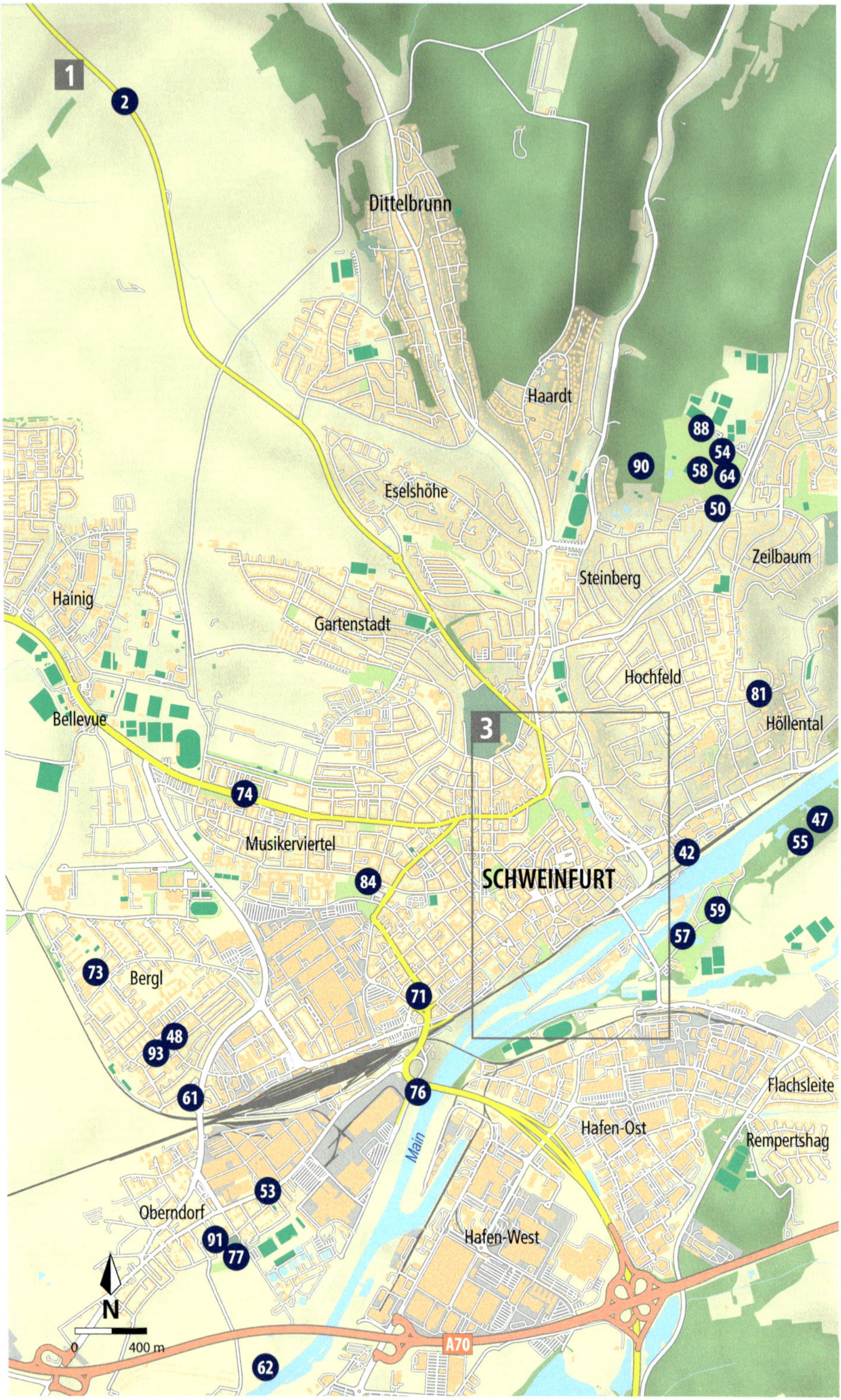

1
2
Dittelbrunn
Haardt
88
54
90
58
64
50
Eselshöhe
Zeilbaum
Steinberg
Hainig
Gartenstadt
Hochfeld
81
Bellevue
3
Höllental
74
47
55
42
Musikerviertel
SCHWEINFURT
84
59
57
73
Bergl
71
48
93
76
Flachsleite
61
Hafen-Ost
Main
Rempertshag
53
Oberndorf
Hafen-West
91
77
N
0
400 m
A70
62

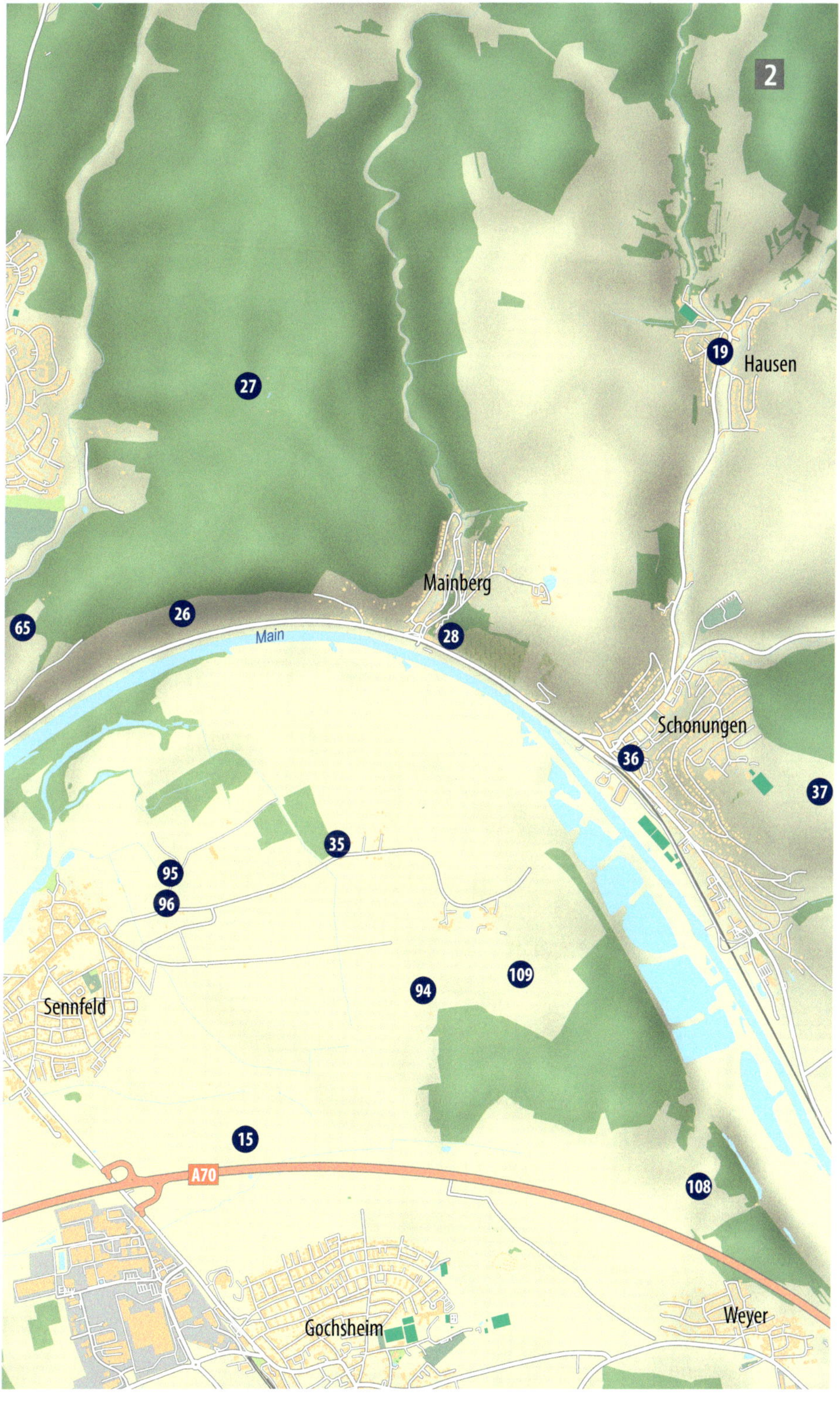

2
19
Hausen
27
Mainberg
65
26
Main
28
Schonungen
36
37
35
95
96
109
94
Sennfeld
15
A70
108
Gochsheim
Weyer

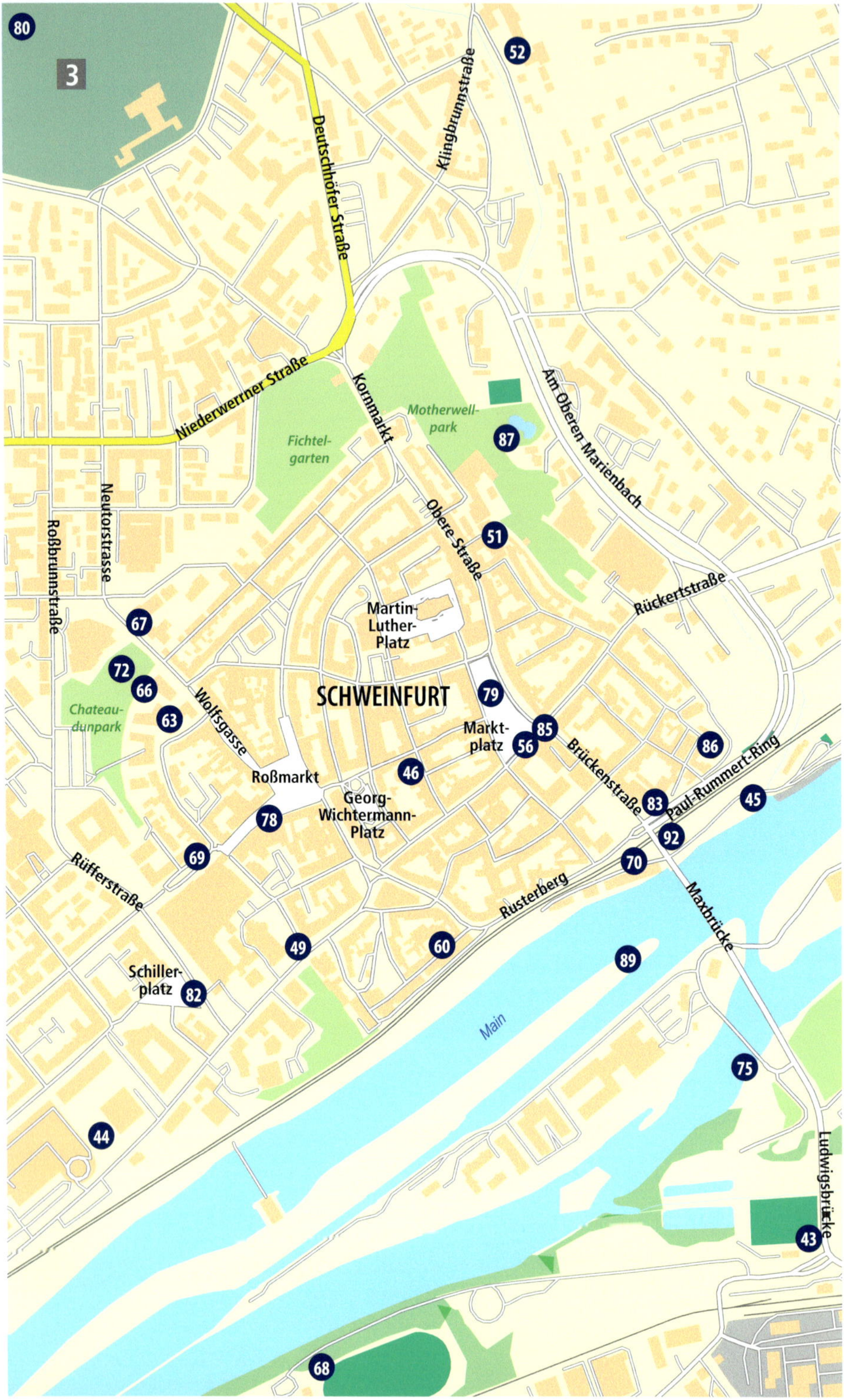
3
80
52
Deutschhöfer Straße
Klingbrunnstraße
Niederwerrner Straße
Kornmarkt
Fichtel-
garten
Motherwell-
park
87
Am Oberen Marienbach
Neutorstrasse
Roßbrunnstraße
Obere Straße
51
Rückertstraße
Martin-
Luther-
Platz
67
72
66
63
Chateau-
dunpark
Wolfsgasse
SCHWEINFURT
79
Markt-
platz
85
56
Brückenstraße
86
Paul-Rummert-Ring
45
Roßmarkt
46
Georg-
Wichtermann-
Platz
78
83
92
69
70
Rüfferstraße
Rusterberg
Maxbrücke
49
60
89
Schiller-
platz
82
Main
75
44
Ludwigsbrücke
43
68

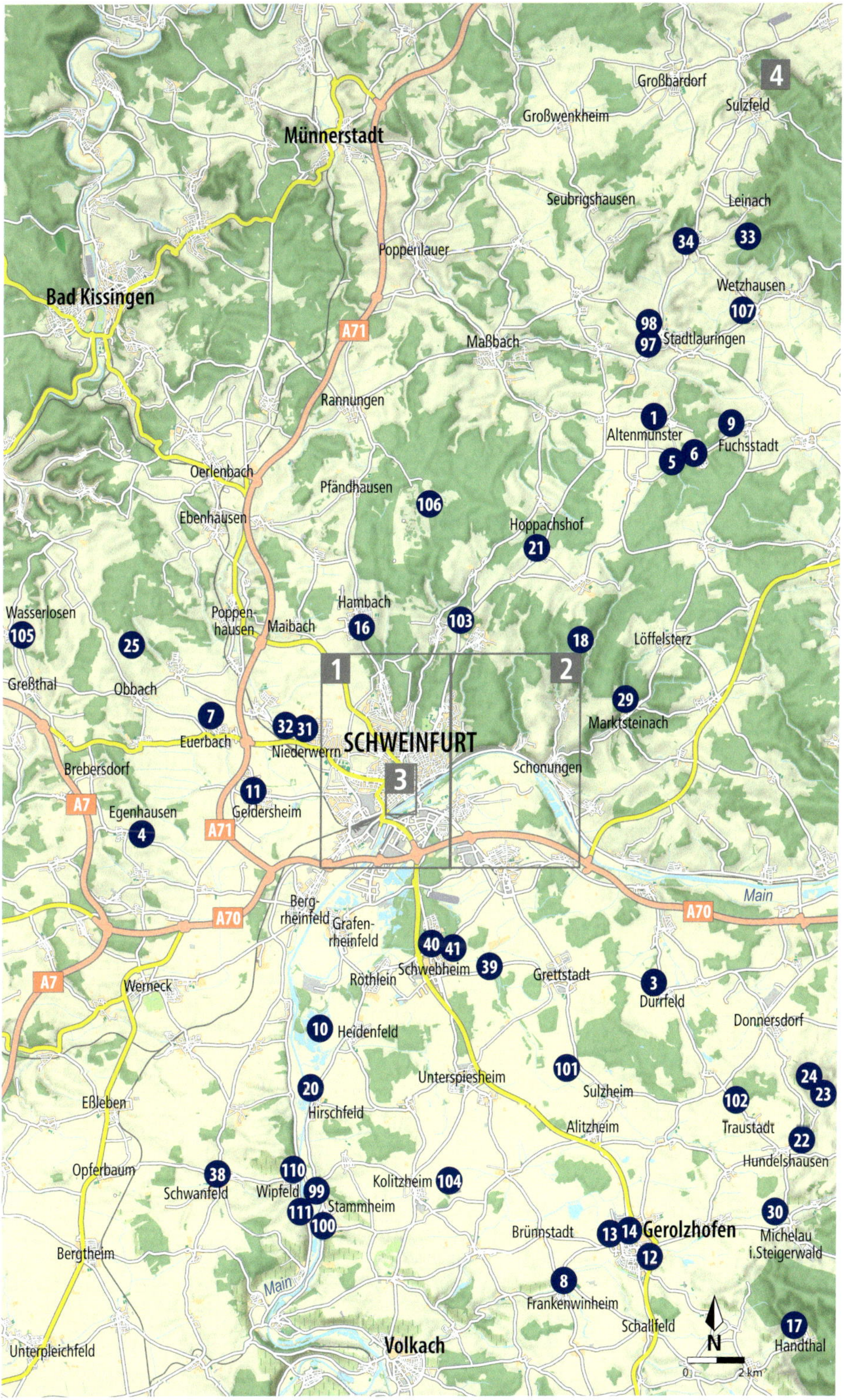

4
Großbardorf
Sulzfeld
Großwenkheim
Münnerstadt
Seubrigshausen
Leinach
34
33
Poppenlauer
Wetzhausen
Bad Kissingen
107
98
97
Stadtlauringen
A71
Maßbach
Rannungen
1
9
Altenmünster
Fuchsstadt
5
6
Oerlenbach
Pfändhausen
106
Ebenhausen
Hoppachshof
21
Hambach
Wasserlosen
Poppen-
hausen
Maibach
16
103
18
Löffelsterz
105
25
1
2
Greßthal
Obbach
29
Marktsteinach
7
32
31
Euerbach
Niederwerrn
SCHWEINFURT
Brebersdorf
Schonungen
3
11
A7
Egenhausen
Geldersheim
A71
4
Berg-
rheinfeld
Grafen-
rheinfeld
A70
Main
A70
40
41
A7
Schwebheim
39
Grettstadt
3
Werneck
Röthlein
Dürrfeld
Donnersdorf
10
Heidenfeld
101
24
23
Unterspiesheim
20
Eßleben
Sulzheim
102
Hirschfeld
Alitzheim
Traustadt
22
Hundelshausen
Opferbaum
38
110
Kolitzheim
104
Schwanfeld
Wipfeld
99
Stammheim
111
100
30
Brünnstadt
13
14
Gerolzhofen
Michelau
i. Steigerwald
Bergtheim
12
Main
8
Frankenwinheim
Schallfeld
17
N
Handthal
Unterpleichfeld
Volkach
0
2 km

Tim Frühling
111 Orte in der Rhön, die man gesehen haben muss
ISBN 978-3-7408-1605-6

Tim Frühling
111 Orte an Main und Kinzig, die man gesehen haben muss
ISBN 978-3-7408-1345-1

Bernhard Horsinka, Renate Bugyi-Ollert
111 Orte in und um Würzburg die man gesehen haben muss
ISBN 978-3-7408-1343-7

Sabine Becht, Sven Talaron
111 Orte in und um Bamberg, die man gesehen haben muss
ISBN 978-3-7408-1186-0

Dietmar Bruckner, Michaela Moritz
111 Orte in der Fränkischen Schweiz, die man gesehen haben muss
ISBN 978-3-7408-1089-4

Kerstin Söder
111 Orte im Fränkischen Seenland, die man gesehen haben muss
ISBN 978-3-7408-1072-6

Jo Seuss
111 Orte in Fürth & Erlangen, die man gesehen haben muss
ISBN 978-3-7408-0724-5

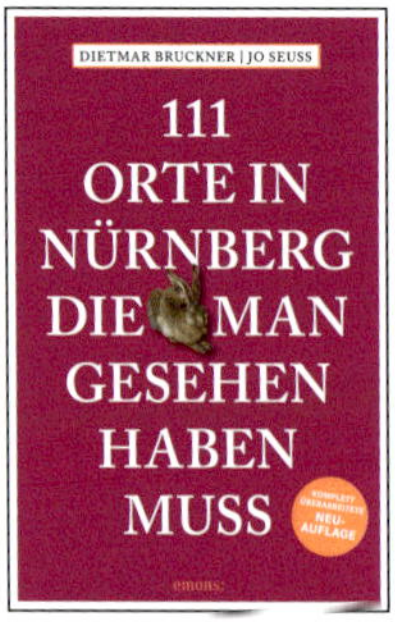

Dietmar Bruckner, Jo Seuß
111 Orte in Nürnberg, die man gesehen haben muss
ISBN 978-3-7408-1019-1

Françoise Hauser
111 Orte im Heilbronner Land, die man gesehen haben muss
ISBN 978-3-95451-842-5

Holger Grumt Suárez,
Roland Grumt Suárez
111 Orte in und um Gießen, die man gesehen haben muss
ISBN 978-3-7408-0971-3

Tim Frühling
111 Orte in Mittelhessen, die man gesehen haben muss
ISBN 978-3-7408-1232-4

Eva Wodarz-Eichner,
Karsten Eichner
111 Orte in Wiesbaden, die man gesehen haben muss
ISBN 978-3-7408-1634-6

Stefanie Jung
111 Orte in Mainz, die man gesehen haben muss
ISBN 978-3-95451-041-2

Sonja Morawietz,
Hartmut Heinemann
111 Orte in Darmstadt, die man gesehen haben muss
ISBN 978-3-95451-920-0

Regina Urbach
111 Orte in und um Worms, die man gesehen haben muss
ISBN 978-3-7408-1172-3

Anna Köhler
111 Orte in Offenbach, die man gesehen haben muss
ISBN 978-3-7408-0982-9

Cornelia Lohs
111 Orte in Mannheim, die man gesehen haben muss
ISBN 978-3-7408-0554-8

HP Mayer
111 Orte in Heidelberg, die man gesehen haben muss
ISBN 978-3-7408-0246-2